流動學習與世界公民教育叢書（二）

活用 Apps 探全球
18 區考察路線

黃幹知、陳國邦、吳思朗　編著

U0152120

策馬文創
RIDING　策馬出版

BGCA
香港小童群益會
The Boys' & Girls' Clubs Association of Hong Kong　出品

活用 Apps 探全球：18 區考察路線

出　　品	香港小童群益會
編　　著	黃幹知、陳國邦、吳思朗
圖文支援	黃裕欣、周皓霆、譚志穎、陸錦輝、朱浩怡
責任編輯	謝偉強
封面設計	飯氣攻心
封面圖片	shutterstock, freepik
出　　版	策馬文創有限公司
電　　話	(852) 9435 7207
傳　　真	(852) 3010 8434
電　　郵	ridingcc@gmail.com
出版日期	2018 年 3 月初版
發　　行	香港聯合書刊物流有限公司
	香港新界大埔汀麗路 36 號中華商務印刷大廈 3 字樓
承　　印	陽光（彩美）印刷有限公司
國際書號	978-988-13348-6-2
圖書分類	（1）教育　　（2）社會工作

商標聲明

本書所提及的境內外公司產品、商標名稱、網站或程式之畫面與圖片，其權利
屬該公司或作者所有，本書僅作介紹及教育之用，絕無侵權意圖，特此聲明。

流動學習與世界公民教育叢書（二）

活用Apps探全球
18區考察路線

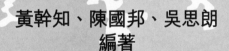

黃幹知、陳國邦、吳思朗
編著

BGCA
香港小童群益會
The Boys' & Girls' Clubs Association of Hong Kong 出品

目錄

理論篇

第一章：世界公民教育的知識內容（C）

實務篇：18 區電子社區考察路線

Development of Learning & Teaching Strategies
to Promote Students' Deep Learning
in the Study of Life and Society (S1-3) Curriculum

生活與社會科—促進學生深入學習教學策略發展計劃

✎ 服務對象

- 中小學教師（以任教生活與社會科、通識教育科、常識科或其他個人、社會及人文教育學習領域科目為主，其他科目以至全校教師亦可）
- 青少年服務前線社工
- 宗教團體、社區教育或文化工作者

✎ 專業培訓工作坊

可因應前線同工的工作需要，彈性選擇或組合以下的工作坊，費用另議：

	主題	建議時數	內容
社區系列	F1：社區考察初階	1.5 小時	• 社區踏查初體驗：三寶與五感
	F2：社區考察進階	2-3 小時	• 社區踏查及考察路線與任務的設計技巧
	F3：電子考察初階	1.5 小時	• 體驗以流動電子工具來考察社區
	F4：電子考察進階	3 小時	• 電子考察工具之應用及設置技巧
反思系列	R1：互動做講座	1.5 小時	• 以流動電子工具在講座中製造互動及協同學習的樂趣
	R2：相片中的反思	3 小時	• 運用拍攝在社區考察前、中、後進行的 10 個反思活動
	R3：電子反思進階	3 小時	• 以流動電子工具帶領反思及深化主題 • 不同流動電子工具之應用及設置技巧
模擬系列	V1：VR 初階應用	1.5 小時	• 虛擬實景（Virtual Reality）之體驗及學與教應用
	V2：VR 進階應用	1.5 小時	• VR 360 旅程拍攝製作工作坊
	V3：VR 直播體驗	3 小時	• VR 360 直播的體驗 • 學與教策略的設計
	V4：Soci Game 設計技巧	3-6 小時	• 社會處境模擬遊戲（主題：長者或公平貿易）體驗 • 模擬遊戲的設計、帶領及反思

流動電子學習　　社區考察

✎ 其他服務

校本課程協作會議
- 到校商討及度身訂造以流動電子工具進行社區考察的學與教方案
- 按個別校情，優化現行學與教策略方針

資源圖書閣
- 電子工具借用：WiFi 蛋、360 全景相機、VR 眼鏡等
- 實體教材套及教具：過程戲劇、社會處境遊戲、桌上遊戲、反思圖卡等

✎ 我們的經驗

- 編撰超過 40 份不同社會議題的考察路線、教案及教材
- 與教育局課程發展處合辦超過 30 場專業發展工作坊，曾培訓超過 800 位不同學科的教師
- 與超過 25 間中學進行校本課程協作、諮詢或度身訂造教師專業發展日

✎ 查詢

地址：新界葵涌祖堯邨敬祖路 6 號 D 座二樓
電話：6336 3835
電郵：LifeSociety@bgca.org.hk

 流動學習與世界公民教育 mLearnGCE 🔍

www.facebook.com/mLearnGCE

專業同工培訓申請表

 goo.gl/1HWAzq

總序

自 2015 年開始，叢書的編輯團隊（下稱「筆者」）便已經在全港的中小學、青少年中心，以流動電子學習及社區考察的經驗學習手法推動世界公民教育。筆者的實務經驗，除了服務社區中的兒童及青少年外，還會開展教師及社工的專業培訓、校本支援及觀課等。過程中，筆者也回顧了中外的相關文獻，並整理及應用有關的理論知識於實務上。這套叢書，可説是總結了筆者在推動流動學習的第一步足印。

本叢書的重點在於如何通過流動電子裝置的科技（**T**echnology），促進工作員以小組協作進行社區考察的探究式情境學習法來建構知識（**P**edagogy），從而與參加者共同建構世界公民教育的學習內容（**C**ontent）。綜合以上三個元素的關係，本叢書會探討以下幾個重要的議題：

（一）以社區考察來推動世界公民教育為何重要？如何綜合已有的知識，在考察經驗中建構新的知識並把它應用在其他情境上？（PCK）

（二）流動電子工具如何更有效推動世界公民教育？（TCK）

（三）流動電子工具如何促進學習達到適時適用？流動學習又如何更有效支援社區考察的手法？（TPK）

（四）以流動電子工具進行社區考察及探究式學習，對轉化世界公民的知識、價值觀和技巧各有何優勢？（TPACK）

上述議題乃基於 Mishra & Koehler（2006）所建構的框架而提出。今時今日，作為教育工作者，必須具備多種不同範疇的知識，才能有效促進參加者的學習。Shulman（1986）提出「教師知識」（teacher's knowledge）的概念，認為教育工作者必須同時掌握教學知識（pedagogical knowledge）及內容知識（content knowledge）。Mishra & Koehler（2006）據此再加入科技知識（technological knowledge）的概念，而發展出「科技－教學－內容知識」（Technological Pedagogical Content Knowledge，簡稱 TPACK）的模式，並以既重疊又獨立的范氏圈（Venn Diagram）來展示教育工作者須掌握不同面向的知識：

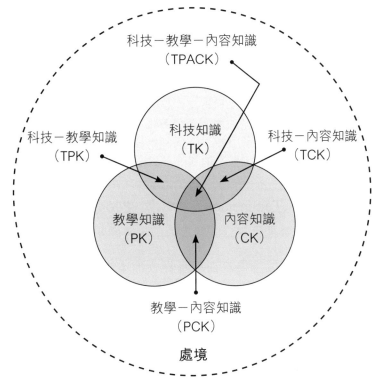

來源：獲原創者同意轉載，©2012，tpack.org

根據 Shulman（1986）及 Mishra & Koehler（2006）的綜合模式，套用在以流動學習、社區考察去推動世界公民教育的範疇上，各類知識元素及其在本叢書的定位如下：

知識類別	定義	叢書理論章節
科技知識 （TK）	基本科技（如書本、白板） 進階科技（如上網、硬件、軟件）	一冊（1）流動學習與電子學習
教學知識 （PK）	以甚麼學與教的方法來達到學習目標	二冊（2）學習理論的三大支柱
內容知識 （CK）	參加者學習的具體內容，如概念、理論或事實	二冊（1）世界公民教育的知識內容
教學－內容知識 （PCK）	最適切帶出學習內容的學與教手法	二冊（3）實地社區考察：理論與實踐
科技－內容知識 （TCK）	應用新科技如何帶出或改變學習內容	二冊（3）實地社區考察：理論與實踐

知識類別	定義	叢書理論章節
科技－教學知識（TPK）	不同科技的能力及組件如何應用於學與教的場景並改變教學手法	一冊（2）流動電子工具與學習環境之管理；（3）教育性應用程式
科技－教學－內容知識（TPACK）	如何以科技主導學與教策略來建構學習內容；科技如何解決學習者的困難，並把困難的概念變得更容易；如何利用科技去擴充及強化學習者已有的知識	一冊（4）反思工具——善用流動電子學習的評估 二冊（4）十八區電子社區考察路線

　　第一冊主要探討科技（**T**echnology）和教學（**P**edagogy），以及兩者之間的關係；至於內容（**C**ontent），亦即世界公民教育與前兩者的關係，則留待第二冊中探討。

　　流動電子學習過去的發展主要是在教育界，而本書回顧的文獻亦是立足於教育界，並以教師為對象。本書介紹的活動適合不同場景的兒童及青少年，包括正規的教育場景如學校，也包括任何的非正規教育場景如青少年中心、社區組織、宗教團體等。因此，本書對任何有意推廣世界公民教育、社區教育或社會科學教育的社工、教師、組織者、社區教育工作者等都有參考價值。為方便閱讀起見，本書把文獻中的教師（teacher）、導師（instructor）等，統一為「工作員」（facilitator），泛指設計及帶領活動的主持人，亦即上文所指的「教育工作者」，至於文獻中的學習者（learner）、學生（student）、用家（user）等，則統一為「參加者」（participant），泛指參與活動的受眾或小組組員。「活動程序」則指一切形式的「結構活動」（structured activities），乃指經精心規劃來達到特定目標或帶出某個主題的手段。

黃幹知、陳國邦、吳思朗

2018 年春

參考資料

Mishra, P., & Koehler, M. J. (2006). Technological pedagogical content knowledge: A framework for teacher knowledge. *Teachers College Record, 108* (6), 1017–1054.

Shulman, L. S. (1986). Those who understand: Knowledge growth in teaching. *Educational Researcher, 15* (2), 4–14.

推薦序一 / 社區作為方法——全球化教學的在地學習與實踐

很多人都有一種錯覺,以為走出課室,跑到社區考察、學習,是一件輕而易舉的事情。在他們的想像之中,那只不過是要找個地點,就地取材,圍繞著一些實際的例子,説説故事,又或者做一些分析而已。他們多數都不會知道——大概也不會明白——這些看似很容易的事情,其實考盡心思,同時也需要很多事先做好的準備工作。

在這個意義上,這本由黃幹知、陳國邦、吳思朗編著(香港小童群益會出品)的《活用Apps探全球:18區考察路線》為我們提供了學習上的方便。我了解此乃「流動學習與世界公民教育叢書」的第二冊,承接之前已出版的《活用Apps帶討論:反思活動40個》的努力,繼續從旁協助我們如何通過考察來進行學習。

編者們為我們在全港18區各區內設計了考察路線,再加上流動學習工具的配合,幫助我們從身邊的事物出發,由一些大家都熟悉但又往往因此而忽視的例子(如在旺角區考察光污染,再而反思都市化、各類污染的問題,又或者跑進超級市場,通過食物標籤而分析全球化底下食物分工、公平貿易等概念),進行考察,然後整理觀察、作出反思和批判思考。

這本書不單是幫助我們進行考察的工具書,而且在處理不同課題時,也帶出了全球化就在身邊的信息。我們既可通過生活中活生生的例子來分析與思考全球化,同時又可以透過全球化的概念來了解自己的生活與相關的經驗。由屋邨街市到家中的雪櫃,都可以是觀察的對象。

而社區考察作為方法正好幫助我們將生活聯繫到學習,也將學習結合日常生活。所謂全球化,就不再是抽象的概念,而是在我們身邊發生的事情。

而學習與分析除了是自我充實的過程之外,同樣重要的是提醒自己究竟對社會、世界有何角色。這本書的另一重要信息是「全球視野,在地行動」。如何在分析與反思之後,回到我們的日常生活,並且尋求改變的可能性。如果沒有思考如何在生活上回應全球議題的一環,則整個學習與知識創新的過程,尚未圓滿。思考與分析最終要回到實踐。

呂大樂教授

香港教育大學副校長(研究與發展)

推薦序二 / 社區學習開步走——一位社會學爸爸的體會

　　兩年前我家老三剛滿 12 歲，按一般情況要升中一，但我們覺得他各方面都未夠成熟，欠缺自理能力，更嚴重缺乏對本地社區的認識。於是我們豁出去，和其他五個家庭連結起來，一起組織了類似外國 gapyear 的「優學體驗」活動（Facebook：優學體驗年 GapExplorer）。一年間，我們邀請了一位有豐富青少年工作經驗的社工，當孩子們的生命導師，統籌活動，帶著他們上山下鄉，走遍十八區的大街小巷，更在長洲、大澳進行歷時十天的蹲點式實地考察。一年下來，我們覺得老三的自信心大增，能夠照顧自己，亦已習慣小組協作學習模式。第二年，我們就讓他回到原來考進的中學，升讀中一。

　　回校之後，發覺他適應得非常好，不過總是覺得一般主流學校，以課堂學習為主，戶外體驗式學習倒是比較缺乏，一年頂多只有一次。但我回心一想，我們在計劃優學體驗的時候，是花了多少時間、多少心力才能成事？要學校的老師，在沉重的課擔之餘，還要抽時間計劃一些既能讓同學親身體驗，亦能有具體學習效果的活動，確實是有點強人所難。

　　不過，拜讀了黃幹知、陳國邦、吳思朗三位編著的《活用 Apps 探全球》之後，就重燃了希望。他們在書中為老師和同學，準備了十八區公民教育的考察路線，如在旺角西洋菜街探討光污染，和在深水埗鴨寮街體驗垃圾與回收的問題。只要老師能按圖索驥，按著本書的指示來進行活動及 debriefing 就可以了。如果當年我們也有這本「寶典」，就不用枉花這麼多時間了。現在學校如果有興趣籌辦戶外體驗學習，也能夠事半功倍，對老師來說真的是幫了大忙。

　　本書不但非常實用，而且在理論篇中，三位亦將體驗式學習的來龍去脈，解釋得非常詳盡。他們首先從「建構式學習」的三大支柱出發，然後將實地社區考察的理論與實踐，說明一番。我尤其欣賞他們對「社區學校化」所作的努力。他們所構築的社區考察，不但只是本土，而且能讓同學在立足本地之餘更能放眼世界，做到培養世界公民的目標。

　　本書另一值得欣賞的要點，就是流動學習的概念。將社區體驗與 STEM 教育連結起來，活用流動電子學習工具及各式軟件，來培養高階思維。

　　我相信本書可以成為，初中公民教育、綜合人文及生活與社會各科的重要資源。甚至在高中通識教育科，它亦可以引領學生，走出課室，認識社區，全方位地進行議題探究。

趙永佳教授
香港教育大學社會科學系社會學講座教授及
香港研究學院聯席總監

推薦序三 / 邁向賦權增能的世界公民教育

　　我於 2015 年 7 月帶領研究生至港澳進行移地學習，有幸在香港教育大學聆聽陳國邦先生的演講，他報告香港小童群益會如何連結學校與社區進行服務學習計劃的理念及實例，當時聽了驚艷不已！一個以促進兒童及青少年身心發展、權利與福祉為宗旨的社會機構，所做的服務事工，如此專業又進步，甚至比許多學校及教師更能掌握服務學習的精髓。國邦也跟我分享我在社會行動取向課程的相關論著對他的社區教育實踐有所啟發，這讓我的心悸動一下。在台灣會跟我分享這方面理念與經驗的多半是中小學校長與教師，因為我常年透過專案研究計劃與中小學協作學校本位課程方案，著重連結社區各類資源，育成學生的敏覺、探究與改造行動。我也認識幾位從事兒童及青少年社福工作的核心人物，但並未聽聞他們把公民教育涵納在他們的事工中，沒想到香港的社福朋友如此有前瞻思維與行動力。

　　2016 年末當我展讀他們寄來的書稿後，對於小童群益會的團隊運用 TPACK 的理念，結合「科技知識－教學知識－內容知識」（Technology—Pedagogy—Content），帶領兒童及青少年向社區、向世界學習探究的理念與作法，深表敬佩。其中，第二冊所規劃的十八區主題路線學與教示例，尤其讓我傾心。透過香港在地的情境，規劃學習路線，善用流動學習科技，引導學生即時且深入地探討兒童權利、動物權益、責任消費、社區相融、都市更新、永續發展……等各類全球議題與普世價值。香港小童群益會這樣與時俱進及善用科技的手法，顯現與所服務的兒童與青少年走在同一個時代！對於學習主題的選擇與在地情境的設定，展現涵育兒童與青少年成為世界公民的胸懷。

　　這兩本書不僅僅是如何教育兒童與青少年成為世界公民的工具書而已，更令人激賞的是蘊含於書中對兒童及青少年賦權增能（empower）的深刻意向，包括善用數位科技、全球思維、在地關懷、主動探究與改革實踐力等新世代面向未來的關鍵能力。

陳麗華教授
淡江大學課程與教學研究所所長

推薦序四 / 適時適用新科技　探索社區洞悉全球

隨著科技技術的快速發展，全球生態、經濟、社會、政治和文化正在不斷融合，使得個體與世界的聯繫越來越緊密。在全球化背景下，讓兒童和青少年了解和關心社會邊緣團體、多元宗教、不同民族、文明等世界公民議題變得越來越重要。如何引發兒童和青少年對這些議題的興趣，有效地推動世界公民教育，是很多社會工作者和教育工作者在實務中面臨的困難。流動學習與世界公民教育叢書（下稱「叢書」）的出版，為相關工作者提供了很好的經驗和指導。與傳統的教育方式不同，叢書以科技—教學—內容知識（Technological Pedagogical Content Knowledge，簡稱 TPACK）模式為理論基礎，著重通過流動電子的裝置和科技知識，以社區考察的探究式情境學習方式引導參加者學習世界公民教育，增強了學習過程的互動性、靈活性和趣味性。

對於實務工作者而言，最希望看到一本書既言之有理，又言之有物。但是講述專業知識的書籍往往過於偏重理論而讓工作者無從下手，而實務操作手冊又容易缺乏理論基礎，使工作者只知其然，不知其所以然。叢書很好地將理論知識與實務操作結合在一起，兩冊書的編排都包括理論篇和實務篇，讓工作者既可以從理論層面理解甚麼是流動學習和世界公民教育，又可以從實務層面學到如何將知識轉化為應用。叢書在實務部分的介紹非常詳實，尤其是書中介紹的 40 個電子反思及討論工具，工作者通過文字就可以輕鬆理解和掌握相關的工具和技術，方便加插到活動設計中。

當然，使用流動電子設備和應用程式開展工作也不是萬能。叢書的編者非常用心，甚至幫工作者考慮到了使用時可能出現的問題及解決方式，同時也強調流動電子學習的方法不應該取代所有活動，而是應該「適時適用」。因此，按照叢書中的提示和指導，工作者可以根據需要，在適當時候使用適當科技進行恰當的介入。

科學技術的發展不僅在改變我們的生活，也應該改變我們認識生活的方式。正確有效地利用新的科學技術可以幫助我們更好地探索和了解世界及我們生活的社區。在此，將叢書推薦給致力於推動世界公民教育和社區教育的實務工作者，也衷心希望更多的兒童和青少年能夠成長為有責任心的世界公民。

倪錫欽教授
香港中文大學社會工作學系系主任

推薦序五 / 走出教室進行一場思行並重的流動教學實踐

十多年前，課改初期，國邦和香港小童群益會的幾位同事，特意入大學造訪，希望我能就他們為學生設計的學習活動提意見。傾談之下，極欣賞他們的誠意及意念，就是帶領學生走進社區作專題研習及考察，開闊學生視野，培育關愛之心，服務社區大眾。以非學校教育為專業的社會工作者，能有此信念及行動，非常難得。

近日，國邦傳來他與幹知、思朗編寫的流動學習與世界公民教育叢書，並邀約寫序，我欣然應允。在閱讀叢書時，眼前一亮，令人驚喜。

叢書分兩冊：第一冊介紹活用電子應用程式帶活動，並附反思活動 40 個。社工同事設計的活動，非常專業，無可置疑，但本書引用學習理論、教育心理學來解釋近年流行的創新教學活動，如：流動學習、電子學習、自主學習等，所引述文獻亦恰當，可見是下過一番苦功，令活動的作用及效果有較結實的理論基礎支持，我特別推薦給教師們好好閱讀及學習。

理論固然重要，進行活動再分析、檢視及反思後，再進一步轉化、優化，才能持續應用，才能令學生長遠得益。無論是教師、社工或其他持份者，在帶領這些活動時，都應常記著以受眾為本和易地而處，既然學生有差異，自不能只得一套統一標準的活動及做法，此就是優秀專業所在。

此外，如何把多個活動組合，變得有層次，有覆蓋，即在深度和廣度上，能涵蓋學習目標，是要讀者們繼續努力和探索的。

第二冊則分享活用流動學習工具作社區考察，有全港十八區的主題及路線作學與教，此類「貼地式」、「走出教室式」學習，必然是未來學習的趨勢，尤其是資訊科技如此發達，學習已變到無界限、不受空間和時間所規範。

我誠意向教育界的持份者推薦此叢書。

趙志成教授
香港教育大學教育政策與領導學系教授

推薦序六 / 在資訊科技世代中培育學習型公民

「流動裝置」（mobile device）如智能手機，已成為我們生活中一個重要的工具。年青的一代更已將這些裝置的使用完美地「植入」於他們的社交生活圈之中，是他們不可或缺的一環。從教育專業的角度看，假若我們不想強行讓「學習」在他們的日常生活中切割出來，我們便應在學校課堂及活動中明智地運用這些流行的「流動裝置」，以促進他們有效學習，認識今日世界，思考將來。

有人或許會懷疑：「這些新穎的電子科技絕對不能替代傳統的教學法。」我想，傳統而多元的教學法和專業智慧的確是不可取代的，但兩者是可以互補互惠的。從務實的角度看，這些裝置的功能和所衍生出的應用程式（Apps）誠然能在課堂教學中起增潤作用，其「軟實力」不可小覷。它們有三種「軟實力」：

一、強化教學造詣（Teaching Repertoire）

這些「流動學習」策略大大拓寬教育工作者在教學法上的造詣，若運用得宜，它們可縮短「學」與「教」的距離，在學習過程中亦可提供優質而適時回饋（timely feedback），促進學習上的評估。

二、改變學生對學習的觀感

良好的「流動學習」策略亦是可以改變年青一代對學習的概念（conceptions of learning），切身體驗「時時學、處處學」的真義，例如：

- 「學習」原來是自己生活的一個重要「組件」（parts of my life）

- 「學習」原來可以「跨情境」（across multiple contexts）

- 「學習」原來可以這般「非正式」（informal）

- 「學習」原來是需要強度的聯繫（high connectivity）

這些概念上的改變將會正面地影響他們終身學習的角色；在他們學習生涯中，既打破「正規學習」與「非正規學習」的藩籬，亦持續增強學習的內在誘因；在社區層面上，增強人與人互信（social trust）和在學習上「互賴感」（sense of inter-dependence），孕育「學習型社會」的共同文化。

三、催化反思

反思能力是學校相關學科、德育及公民教育的核心。良好的反思應具備「向後望」的思考，包括總結經驗，自我了解，以及「向前望」的視角（如怎樣繼續學習和改善等），這些思考過程是可透過「流動裝置」電子工具的輔助下有效地進行的。換言之，當「流動裝置」遇上「反思活動」時，學生的反思素質也可提升，一切會變得「生活化」（「去作業化」）。

香港小童群益會的「流動學習與世界公民教育叢書」中的《活用 Apps 帶討論：反思活動 40 個》和《活用 Apps 探全球：18 區考察路線》，不但涵蓋以上三種流動學習的「軟實力」，亦配合教育局的「第四個資訊科技教育策略」和「全方位學習」的方向，在資訊科技世代中，發展學生成為放眼社區、國家和世界及樂於反思的學習型公民。

葉蔭榮博士
香港教育大學課程與教學學系高級專任導師
前香港特區政府教育局課程發展處總監

推薦序七 / 全球化，不再遙遠！

我一直有一個想法：如何讓年青人在生活中看見全球化與自己息息相關？

在一間文藝咖啡店，點了一杯肯雅咖啡時，能連繫到非洲農夫從售價中收到多少收入？又或，當我們食用來自東南亞的米時，能連繫到東南亞農如何受到氣候變化的影響？

當通識科納入高中課程時，很多老師面對不少難題，其中之一是不容易引起同學的學習動機，尤其是涉及一些國際議題，同學覺得離身、跟他們的生活無關。

樂施會作為一個國際扶貧組織，推動世界公民教育多年，以喚起年青人對貧窮及可持續發展議題的關注及行動。幾年前，我們推出過了《全球化－通識教學小冊子》，透過引用與日常生活息息相關的個案，與老師從五個富爭議性的議題入手教學；同時，樂施會互動教育中心亦採用了戲劇教育的手法，設計了以經濟全球化為主題的互動劇場，和同學一起探討全球化下發展中國家人民的處境，以及跟自身的關係。

過去幾年，科技日新月異，智能手機日漸普及，VR（virtual reality）和 AR（augmented reality）的技術也在急速發展，對於教育工作者包括老師、社工、非政府組織的工作者，確實提供新的潛在機會，讓學生的學習體驗有更多的可能性。

起初，我跟很多老師一樣，面對新科技也是無從入手。認識香港小童群益會這個團隊很久，知道他們正努力集結在這方面走得較前的學校的嘗試及經驗，於是半年前邀請了本系列作者之一的知 Sir 為我的同事作示範，了解坊間有甚麼流動應用程式適合放在學習應用上，以及如何應用到活動等，總算打開這一扇新科技的門。

從那次示範中，我有兩點觀察：（一）原來坊間已有一批流動應用程式可用，運用起來也不算複雜，亦加強了學生之間的互動及學生學習的趣味性；（二）見到跳出課室甚至本地的可能性，透過 VR 和 AR，學習的空間大幅伸延，例如同學可以 360 度置身於難民營中，體會難民艱難的處境。這些，都有助增強學生的學習動機和同理心。

很高興受邀寫序，第一冊綜合目前坊間最常用的流動應用程式，實在是很好的入門，教育工作者不用再無所適從，不知從可入手；第二冊將會具體展示如何應用到社區學習設計中，這些示例必定能啟發教育工作者設計更多有趣的電子學習活動。我那個一直想著有關生活中看見全球化的的構想，不再是天馬行空的空談。

　　新科技能有助打開學習全球化的大門，拉近了我們與世界之間的距離。不過，使用時也要小心，不要讓同學們只有接觸新科技時帶來的即時快感。能反思事件跟自己的關係，以及能夠具批判思考問題，並作出改變，才能成為世界公民。

樂施會「無窮校園」網頁：http://cyberschool.oxfam.org.hk

蘇培健先生
樂施會教育經理

自序

　　湯馬斯・佛里曼（Thomas Friedman）在其名作《世界是平的》（*The World Is Flat: A Brief History of the Twenty-First Century*）一書中宣告：「全球化不是一種選擇，而是現實。」因著通訊技術發展、資訊科技發達及交通的便捷，人與人的連繫變得愈見緊密，世界各地人們彷彿生活在同一村落中。短短十數載，全球化就應驗了它對現代人的許諾，帶來生活上前所未有的便捷及好處，但亦因改變了人們接觸世界的方法，而引發不少新問題，帶給人們不少的失落。

　　為應對全球化的發展，世界公民教育漸成為全球的關注焦點，這從學生能力國際評估計劃（PISA）正研究將世界公民能力納入評估範圍可見一斑。這對於教育工作者、社會工作者及青年工作者都具深遠的意義。世界公民教育要人們重新認識世界、思考全球化，在地當一個能盡己任，於當下生活實踐中善待世界每一角落、每一代人及每一物種，也懂得關顧全球未來的世界公民。誠然，世界公民教育既為當下公民教育提出嶄新視角，也以在地實踐的公民參與，塑造我們的共同未來。

　　三年多前，本會公民參與實務網絡的一群同工開始探討這個範疇，結合流動學習（mobile learning）的工具，發展眾多在社區空間中學習世界公民的學與教材料，並與中小學老師及青年工作者在不同的社區學習場景中試用。本叢書的出版正好見證了他們將流動學習與世界公民教育在實務中不斷提煉所作的努力。我們期待透過叢書在流動學習及世界公民教育的領域上集思廣益，為全球的未來、青少年的未來而共同努力。

　　我們在此特別要感謝為叢書評閱及撰序的學者、前線教師及非政府機構的朋友，分別是呂大樂教授、趙永佳教授、陳麗華教授、倪錫欽教授、趙志成教授、葉蔭榮博士、蘇培健先生、李浩然老師。另外，亦感謝以下學校及民間團體的朋友為路線的設計提供靈感或意見，包括：綠惜地球環境倡議總監朱漢強先生、關注草根生活聯盟鄭有誠先生、保良局李城璧中學通識教育組老師、香港仔浸信會呂明才書院麥家斌老師及香港公平貿易聯盟。他們都是流動學習及 / 或世界公民教育領域上的專家，得到他們慷慨賜墨及賜教，實為叢書添上豐富的色彩！

香港小童群益會

本書使用説明

　　叢書結集了編者在這幾年間，以社區為學習處境、流動學習程式為應用工具、世界公民教育為內容框架，進行 20 多場教師專業培訓、校本課程協作的經驗，期望能與更多老師、青年工作者、社區教育工作者、文化工作者等交流！

　　第一冊介紹 40 個以流動學習工具進行的反思活動，當中採用 10 多個免費的應用程式，很多都已在教育界應用；亦會提及流動電子工具及學習環境的管理等實務智慧，希望能為大家開展活動時，提供更多的參考，減省技術細節的困擾。

　　第二冊側重世界公民教育及實地考察的理論與實務，在全港 18 區呈現不同教學主題的考察路線。不同路線固然有其社區特色，讀者也可輕易在身處的社區，找到相近的場景和學習點子，帶領考察、導賞及探究活動（見本冊附錄）。

　　第三冊探討如何在世界公民教育中應用近年盛行的虛擬實景（VR）和擴增實景（AR），參加者除了打破時空界限，環顧世界各地的相關景點來延伸第二冊的實地考察經驗外，更可關注及投入社區中，拍攝及製作不同的 VR 及 AR 教件，創建探究性及倡議性的服務學習經驗。

　　最後，本團隊在各書冊中的理論篇，都先後以文獻回顧來整理流動學習、實地與虛擬社區考察和世界公民教育等概念，亦希望大家細意閱讀，萬勿錯過！

理論篇：電子應用程式

以工作員帶領考察前、中、後三個階段作結構，來説明應用程式的點子

▶ 準備

- 設置步驟：把在活動開始前於管理帳戶中的設置程序逐步説明，輔以螢幕截圖，但不同程式都一直在更新，讀者宜參考有關程式的網站

- 注意事項：分享在設置時的經驗，輔以設置步驟的一些短片及有用連結

▶ 講解階段

- 工作員可參考當中的步驟,來講解及帶領活動,宜因應參加者的能力及學習差異來調整

- 指示亦要因應活動主題彈性調節

▶ 考察後的反思

- 說明在不同教學階段的作用,方便工作員應用

實務篇:18 區電子社區考察路線

▶ 設計理念及背景

旨在說明考察設計的因由,及相關議題的定義、歷史背景、持份者及影響

▶ 學習目標

情境知識概念: 在社區處境有關的關鍵概念及學習點,也是考察後反思所帶出的訊息

世界公民議題: 在理論篇〈第一章〉回顧了世界公民教育中的知識、價值和技巧

相關學校課程: 回顧了高中通識、初中生活與社會及小學常識科課程指引中的單元或學習元素

▶ 建議程序

階段: 按余安邦(2002)的環顧、關注及投入社區教育分為導入、考察、反思及行動四個階段

時間: 按過往經驗需時多少,工作員可因應參加者的需要來調節節奏

地點: 建議的考察點,編者選址會考慮路線的遠近,盡量用最短的距離作最豐富的觀察

Wifi: 不同地點可提供的免費 Wifi 熱點,如沒有,工作員須準備 Wifi 蛋

程序: 按次序,有關的工作紙見附件,部份反思須借助 VR 進行境外考察,詳細教件見第三冊

教學策略：按生活與社會科及其他主要課程文件中提取的學與教策略

工具：不同活動程序所需使用的電子工具，詳細設置步驟見理論篇〈第五章〉

參考資料：關於此考察的連結、影片及應用程式，深化工作員的內容知識

▶ **變奏**

人：提供類似考察或導賞的民間團體

時：在日間或夜間、平日或假日等進行的差異

地：在其他類似的地區可進行同一議題

▶ **導入**

導入旨在讓參加者反思過去的生活經驗，並帶入考察之中。

▶ **考察**

- 工作員可直接列印地圖，讓參加者使用流動裝置掃描圖上的 QR 碼，再使用 Google 地圖的導航功能帶領到考察地點

- 每個考察都有既定的任務，為方便工作員了解設計理念，附上的紅字顯示所用的社區觀察手法，詳見理論篇〈第三章〉及不同工具所用的題型，設置步驟詳見理論篇〈第五章〉

- 本冊 F8 九龍城區的路線更附上該電子工作紙的 QR 碼供參考如何設計，其他地區的電子工作紙也會陸續上載至 Facebook 專頁

▶ **反思**

在考察後，工作員可根據「反思帶領指引」去準備不同的科技及活動形式，再輔以不同的反思提問例子，帶出世界公民教育的學習要點及目標。當中的反思形式是參考第一冊的 40 個反思活動，而反思提問句則是參考第一冊理論篇〈第四章〉的 Bloom 六層提問架構。

▶ **行動**

作為世界公民，除了在考察中培養全球視野外，更重要的是有在地行動。本冊運用服務學習的三種經歷把這些點子分類，包括：慈善性的直接服務、探究性的社

區教育及倡議性的設施及政策建議（葉蔭榮，2005）。這些公民行動點子，旨在擴闊大家的視野，工作員宜與參加者共同建構其他點子。

本書是「流動學習與世界公民教育叢書」的第二本。為減少重複，書中會提議讀者參閱其他篇章，編號的字母代表該篇章在哪一本書中。讀者宜參考不同書中的篇章，靈活運用，融會貫通：

R.《活用 Apps 帶討論》

F.《活用 Apps 探全球》

V.《活用 VR 看世界》

Facebook 專頁

我們會定期於 Facebook 專頁更新一些流動學習或世界公民教育的點子、應用程式、帶領活動的示範片段、物資樣版等，亦歡迎大家把回應和心得在網上延續討論，發揮流動學習的精神。

流動學習與世界公民教育
mLearnGCE
www.facebook.com/mLearnGCE

理論篇

1. 世界公民教育的知識內容（C）

1.1 全球化、世界公民與全球教育

步入千禧年代，全球化覆蓋了人類生活的每個面向，Thomas Friedman 在《世界是平的》（*The World Is Flat*）指出「全球化不是一種選擇，而是現實（reality）」。樂施會（2006）及林永豐（2012）指出全球化造成了下述五個層面的發展趨勢：

一、社會上，有緊密的媒體、電子通訊互動與連結；

二、文化上，各國的人有更頻繁的互動甚至移民；

三、經濟上，貿易的往來深入於人類的日常生活中；

四、環境上，氣候變化凸顯只有一個地球的相依性；

五、政治上，更緊密的國際關係凸顯各國相互依存。

全球化的發展趨勢促使「公民」的身份要超越國界，繼而漸漸出現「世界公民」的概念（UNESCO, 2014）。Zahabioun et al.（2013）認為「世界公民」是一套思考及行為模式，相信個人有機會去參與影響其生活的決定，並能從中令世界變得更美好。這種從本土的關懷擴展至全球視野的思考及行動為「世界公民教育」奠下了基礎。

在「世界公民教育」（Global Citizenship Education）出現之前，已經有「全球教育」（Global Education）這類似的概念。各國為應對全球化的趨勢及其伴隨的衝擊，紛紛重視國際或全球教育的改革。有別於令世界變得更美好，早期的「全球教育」尤其希望透過課程與教學的調整，培育具備更具國際觀、全球行動與競爭力的人才（林永豐，2012）

然而，聯合國教科文組織就從共同建立可持續的世界的角度重新定義世界公民教育。聯合國教科文組織視「世界公民教育」為一套知識、技巧及價值觀，透過正規及非正規的教育，鼓勵公民在本地及國際層面，參與行動、對話及協作，從而貢獻於各方面的社會發展（UNESCO, 2014）。文件指出，世界公民教育包括以下的目標：

● 鼓勵學習者批判地分析現實議題,並找出具創意及創新而可行的解決方法

● 推動學習者重新思索主流論述內的假設、世界觀及權力關係,並關顧被邊緣化的小眾人士 / 組群

● 個人及集體參與行動,以帶來理想的改變

● 在校內、社區內及在更廣的社會內牽涉不同持份者

● 不論在小鄉村或大城市,視地球為每日生活的一部份

誠然,全球化與通訊科技密不可分,如何利用流動裝置和電子科技進行教育活動,指引參加者積極探究全球化議題,並借鑑「反全球化」的批判聲音,成為能動並參與全球事務的世界公民(active global citizens),為當今教育者必須面對的議題(陳麗華、彭增龍,2007)。

1.2 世界公民教育的課題

Hanvey(1975)指,世界公民教育旨在於培養參加者建立一個全球性的觀點(global perspective),衍生的課題應包括以下五項內涵:(1)全球意識、(2)察覺全球狀態、(3)察覺跨文化的能力、(4)全球動向的知識及(5)察覺人類的抉擇。Pike(2000)比較分析英國與美加地區世界公民教育的異同,發現其共通的重要概念包括相互依存(interdependence)、關聯(connection)與多元觀點(multiple perspectives)。

林永豐(2012)整理了幾個西方國家的世界公民教育,並按樂施會(2006)的架構歸納為下列五大主題,我們不難發現當中的課題亦對應了 Hanvey(1975)及 Pike(2000)的觀點:

Oxfam(2006)	社會公義	尊重差異	全球化	可持續發展	衝突與和平
英國 (DfES, 2005)	●人權 ●社會正義	●多元 ●價值與知覺	●全球公民素養 ●相互依存	●永續發展	●衝突解決
澳洲 (Commonwealth of Australia, 2008)	●社會正義與人權	●認同與文化差異	●互賴與全球化	●永續的未來	●建立和平並消弭衝突

Oxfam（2006）	社會公義	尊重差異	全球化	可持續發展	衝突與和平
美加 （Banks, 2007）		●多元身份 　認同 ●移民 ●多元觀點	●全球化	●永續發展	●民主 ●帝國主義與 　權力 ●偏見歧視與 　種族主義 ●愛國主義與 　世界主義

　　上文提及世界公民教育的主題、內涵及重要概念。筆者檢閱不同文獻，為世界公民教育的知識、技巧及價值觀以及當中的學習目標作出整理（Walkington, 1999; Merryfield & Wilson, 2005; Ghaedi, 2006; Oxfam, 2006; 陳麗華、彭增龍，2007；Cartwright et al., 2009; UNESCO, 2014, 2015; Chong, 2015），並在本書中利用不同的考察路線，達到以下各層面的學習目標：

	社會公義	尊重差異	全球化	可持續發展	衝突與和平
認知 層面： 知識	●人權 ●自由 ●平等 ●法治 ●民主 ●貧窮與財 　富分配	●多元身份 ●認識別國 　文化 ●尊重其他 　種族 ●反歧視 ●關懷弱勢 　社群	●地方與全球 　互相連結及 　依存 ●政治／經濟／ 　社會層面的 　國際相互影 　響	●人類社會及 　自然環境的 　互動 ●對世界的道 　德責任 ●塑造理想的 　將來	●本地、國際及全 　球政治結構及經 　濟體系 ●全球組織：如聯 　合國的角色 ●偏見及權力關 　係：全球動力、 　人口流動、恐怖 　主義 ●意識形態：民 　族、帝國、愛 　國、種族主義等 　具爭議情結 ●全球系統：程序 　與機制
情緒 層面： 價值觀 及態度	●承諾社會 　公義及公 　正 ●相信人類 　可以改變	●尊重差異 ●關愛	●認同共同身 　份 ●對人類價值 　整體的歸屬 　感 ●團結合作	●對環境及可 　持續發展負 　責任	●同感共情（global 　empathy） ●內化與世界各地 　不同的人之連繫

行為　　●高階思維
層面：　　■組織思維：有效及有系統地研究及爭辯（Bloom：評鑑）
行動　　　■分析推理：辨別不同層面、觀點及角度（Bloom：分析）
技巧　　　■批判思考：偵查偏見與假設、挑戰不公義及不公正（Bloom：評鑑）
　　　　　■創意思維（Bloom：創造）
　　　　●共同合作——社交技巧
　　　　　■建立關係，以合作方式解決矛盾
　　　　　■跨文化的理解和溝通技巧
　　　　　■全球凝聚力：與不同背景、文化及思考角度的人交流和互動
　　　　●社區營造：組織社群
　　　　●行動策劃：開始接觸個人及集體，在社區有效及負責任地開展行動，以及在本地、國家及全球的層面，去追求更和平及可持續發展的世界
　　　　　■找尋國際間的解決方法
　　　　　■辨別及研究行動機會
　　　　　■考慮結果
　　　　　■解決影響行動的阻礙
　　　　　■合作，並重視其他人的參與
　　　　　■以反思來促進別人參與行動

1.3 世界公民教育在香港的發展

Chong（2015）發現踏入千禧年代後，香港中學的課程指引漸漸出現了世界公民教育的概念和影子：

在高中方面，所有中四至中六的參加者都必須修讀通識教育科，而在其課程指引中，全球化為六個單元中其中之一。此外，整份課程指引尤其重視建立參加者的價值觀及態度，例如當中提及：公義、互相依存、合作、適應、多樣性及合作的開放性等，也鼓勵參加者欣賞社會中其他不同文化背景人士的觀點，從中反省及發展他們在社會、國家及世界的多重身份和責任。此外，所有高中生都必須完成一定時數的「其他學習經歷」（OLE），而當中的德育及公民教育（MCE）、社區服務（CS）等都與世界公民教育密不可分。

在初中方面，教育局並沒有劃一處理「個人、社會及人文學習領域」（PSHE）的課程，部份學校會開設綜合人文科（IH），在課程指引中，全球化也是其中一個課題。近年新開設的「生活與社會科」（L&S），更充滿世界公民教育的影子，當中包括：全球化與相互依存、世界公民與人道工作、國際政治與秩序等，都是一些與世界公民教

育相關的知識，更在每個單元都回應不同的世界公民價值觀。

在各科課程中，與世界公民教育相關的單元：

	社會公義	尊重差異	全球化	可持續發展	衝突與和平
常識科	- 我們的社區 - 我們的社會 - 昔日的香港 - 選賢與能	- 旅遊好去處 - 四海一家 - 中華文化多姿彩	- 購物好去處 - 環境、科技與文化 - 我們的經濟	- 郊遊樂 - 居住好環境 - 大地寶庫：水、空氣 - 電的故事 - 防止污染、保護資源	- 國際問題初探
生活與社會科	12. 香港的公共財政 14. 香港的勞工市場 21. 公民權責 22. 我和香港政府 23. 維護社會核心價值	9. 寰宇一家 24. 中國國民的生活 E6. 兩性平等	19. 世界貿易 20. 國際間的相互依存 27. 全球城市	11. 明智消費	28. 國際政治 29. 世界公民與人道工作
通識教育科	2. 今日香港	1. 個人成長與人際關係 2. 今日香港	4. 全球化	6. 能源科技與環境	4. 全球化 5. 公共衛生
地理科（高中）			3. 轉變中的工業區位 E3. 運輸發展、規劃與管理	4. 建設一個可持續的城市 6. 消失中的綠色樹冠 7. 氣候變化	5. 對抗饑荒
歷史科（高中）	1. 香港的現代化與蛻變 2. 中國的現代化與蛻變	3. 本地文化承傳研習	5. 協作與繁榮		4. 主要衝突與和平的訴求

課程發展議會（2010; 2011）、課程發展議會及考評局（2015a; 2015b; 2015c）

另外，部份非政府組織也在香港本地推動世界公民教育（不能盡錄）：

	社會公義	尊重差異	全球化	可持續發展	衝突與和平
香港樂施會互動教育中心	- 長者貧窮戶外體驗 / 社會處境遊戲 - 剩菜回收體驗 - 東涌 / 天水圍 / 元朗社區考察	- 少數族裔發現之旅	- 民工模擬體驗 - （另）一部份的童話	- 水平線土地：互動劇場 - 無地小農：互動劇場	- 天地無家：難民模擬體驗
聯合國兒童基金會（UNICEF）香港委員會	- 兒童權利講座		- 杜絕兒童人口販賣	- 氣候變化拯救隊 - 自然災害與兒童	- 武裝衝突與難民兒童
香港中華基督教青年會（2015）	- 窮到燶大作戰 - 貧窮初體驗 - 活出正能量	- 種族和諧 -Puzzle Crust - 港亞樂共融		- 膠袋與環保 - 低碳生活	- 和平戰士 - 和諧共融
香港小童群益會（2011）	- 和諧社區設計師	- 不同種族樂共融 - 長幼樂共融 - 晚年樂悠悠	- 種族文化大不同	- 愛地球齊惜紙 - 減廢小先鋒 - 綠色小特工 - 低碳大行動	

1.4 世界公民教育的學與教策略（C&P）

下文綜合了 Evans et al.（2009）、UNESCO（2014; 2015）的文件，指出一些與本書相關的世界公民教育法。

1.4.1 對話及提問

為了推動有效的世界公民教育，工作員應為參加者樹立積極世界公民的榜樣，通過緊貼時事、參與社區、貫徹實踐環保與公義的標準等方式身教，並多與參加者對

話，培養尊重、包容及互動的環境（例如：建立性別平等的課室，並在設定規範、使用空間、安排座位等方面吸納參加者的意見），營造安全、包容、積極及民主的學習環境。

在學與教的過程中，工作員應以合作學習的手法討論一些全球的道德議題（Walkington, 1999），鼓勵參加者自由地提出問題（problem-posing），以促進參與式學習的成效。當參加者對議題提出疑問時，代表他們對學習有更大的自主權，也可在特定議題上探索不同的觀點和價值觀，並從多角度反思和挑戰既有的定型（stereotypes），接納不同意見。透過發問，可辨別重點問題，使研究更結構化，並開展改變他們及其他人生命的過程。因此，工作員和參加者都要具備有效的提問技巧，以促進批判性思考及創意（Oxfam, 2008）。

1.4.2 社區為本的經驗學習法

對青少年而言，一般課本中所接觸到的全球化議題都與真實生活經歷距離甚遠，工作員宜以現實經驗中的個案，協助參加者從本土視角去了解全球化（趙永佳，2013）。為全面培養參加者對本地議題、公眾利益和責任的關注，工作員除了洞察參加者的日常生活經驗外，更應建構真實（authentic）的學習經驗。研究指出，主動學習法（active learning）能最有效進行世界公民教育，讓參加者在社區獲得不同議題的「經驗」，以裝備他們決策、小組參與及批判性思考的能力（Evans et al., 2009）。經驗學習法（experiential learning）可應用於不同場景，包括：課室、全校活動、社區（如：社區為本活動、社區參與）、全球（如：國際網上交流及虛擬社區），這也貫徹我們書中「全球即本土，處處是教室」的理念。

陳麗華、彭增龍（2007）提出以「公民行動取向」進行世界公民教育，提出先讓參加者學習、覺知及發現議題，關懷的情意即自然流入，就本冊書而言，考察前的導入尤其重要；基於關懷之情，隨即深入及理性的探究議題，並進行增能活動，以裝備師生解決問題的知能，達致賦權增能的效果，因此本冊書十分重視考察及反思的環節；最後規劃和採取公民行動，解決問題，改造社會，就是關懷的具體實踐，故此在每條考察路線後，本冊書都會建議一些「在地行動」。這個取向兼顧了認知、技能與情意的目標。

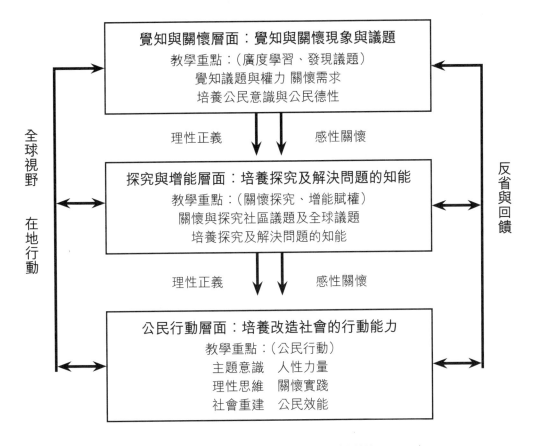

公民行動取向課程設計模式（陳麗華、彭增龍，2007）

　　本冊書建議的在地行動包括「服務學習」（service learning）的三個層面。葉蔭榮（2005）提出服務學習的經歷，除了公益為本的直接服務外，更應包括探究為本的調查研究及社區教育，以及倡議為本的社會行動，都是與陳麗華、彭增龍（2007）的框架異曲同工。

　　這個取向主張跳出課室、投入社區，組織本地社區或境外考察以學習新知識及連結國際社會，與非牟利組織合作推行服務學習計劃，在反思中加入真實任務（如：以戲劇、角色扮演或辯論方式展示學習成果）（Walkington, 1999）。世界公民教育視參加者及其家庭為學習資源，尤其在多元文化的環境，不同國籍和族裔的參加者可讓團體更有效地了解不同國家的文化風俗，例如：香港的青少年可到訪少數族裔參加者的家庭，從而了解不同國家的文化。

1.4.3 探究式專題研習

青年應擔當積極主動的角色去宣揚及推動世界公民的價值及議題，因此世界公民教育強調主動及自主學習，提倡青年人為自己的學習負責，並以學習者為本、回應獨特的文化及互動的教學方法來帶出其學習目標（例如：獨立及合作的學習）。透過探究式專題研習，參加者能與其他人合作進行社區教育或議題推廣，從中發展高階思維，例如：由參加者自行製作講述兒童權利的展板，或籌備以世界和平為主題的活動來討論國際議題等。

樂施會（2008）表示若參加者能以積極的世界公民身份作出回應，參與行動，便能從中學習作出有理據支持的視野和知識，發展其執行力。這不但帶來正面改變，也能改變參加者對事物的關懷和價值觀。

1.5 小結：流動電子社區學習與世界公民教育

本書主張活用以上三個學與教的策略，並以社區考察去為參加者建構真實的經驗，把感覺遙遠的全球化議題拉近，建立連繫；而「對話及提問」的教學法，則貫徹於考察前的導入來整合過去的生活經驗、考察期間的提問來鞏固即時的在地經驗、考察後的反思來延展應用至未來的生活。社區考察，只是世界公民教育提升參加者「全球視野」的第一步，筆者更鼓勵各位工作員在考察後推動「探究式專題研習」，讓參加者發展出不同的「在地行動」，切實為自己及他人的生活帶來轉變，才可回應全球化對世界發展提出的挑戰。

筆者在本書中整理了 18 區每區一條的考察路線，作為世界公民教育的示範：

地區	情境議題	社會公義	尊重差異	全球化	可持續發展	衝突與和平
1. 中西區	交通暢達與易行				*	
2. 灣仔	外傭		*	*		#
3. 東區	遊樂場與兒權	*				
4. 南區	捕漁與休漁				*	
5. 油尖旺	光污染				*	
6. 深水埗	回收與電子垃圾				*	

地區	情境議題	社會公義	尊重差異	全球化	可持續發展	衝突與和平
7. 九龍城	泰國食肆與社區			*		#
8. 黃大仙	膠袋 / 水樽 / 包裝				*	
9. 觀塘	永續與責任消費	*		*	*	
10. 西貢	性別友善之商場		*			
11. 沙田	單車友善社區	*			*	
12. 大埔	街市與墟市	*			*	
13. 北區	公共空間與規管	*	*			
14. 元朗	貧窮	*				
15. 屯門	無障礙暢達社區		*			
16. 荃灣	寵物友善社區				*	
17. 葵青	少數族裔與宗教	*	*			#
18. 離島	全球城市的機場			*		

　　由於「衝突與和平」主題在目前香港的本土社區較難體現，因此會以「尊重差異」主題來補足。當然，隨著科技的發展，虛擬實景為探討全球衝突、戰亂及世界各地的和平任務帶來新的可能，我們會在本叢書的第三冊《活用 VR 看世界》再另行探討。

　　在全球化的影響下，流動電子裝置已經成為參加者生活中慣用的通訊媒介，也是建構地球村的重要工具。流動電子裝置的上網及多媒體等特性，能跨時間及跨地域地把全球遙距的事物活現於參加者眼前，使離身的世界性議題不再遙不可及。活用流動電子學習於以上學與教的策略中，能有效提升世界公民教育的成效。在下一章中，我們將會討論如何應用流動電子學習進行社區考察，以提升個人自主學習、社群協作學習及社區情境探究，從而帶出世界公民教育的主題。

延伸閱讀

📖 樂施會：《如果世界是 100 人學校》繪本（適合小學生）

📖 趙永佳：《全球化 360》（適合中學生）

📖 樂施會：《全球化——通識教學小冊子》（適合教育或青年工作者）

參考資料

Cartwright, C. T., Kerrigan, P., Pusch, M., Brown, B., & Yamashita, M. (2009). *Global citizenship: Challenges and opportunities for U.S. higher education.* Presentation for AAC&U Seattle, WA.

Chong, E. (2015). Global citizenship education and Hong Kong's secondary school curriculum guidelines: From learning about rights and understanding responsibility to challenging inequality. *Asian Education and Development Studies*, *4*(2), 221-247.

Evans, M. et al. (2009). Mapping the "global dimension" of citizenship education in Canada: The complex interplay of theory, practice, and context. *Citizenship, Teaching and Learning*, *5*(2), 16-34.

Ghaedi, Y. (2006). Educating future citizenship. Review Quarterly, *Journal of Educational Innovations*, *5*(17).

Hanvey, R. G. (1975). *An attainable global perspective.* New York: The American Forum for Global Education.

Merryfield, M. M., & Wilson, A. (2005). Social studies and the world: Teaching global perspectives. *NCSS Bulletin 103*. USA: National Social Studies

Oxfam (2006). *Education for global citizenship*: *A guide for schools.* United Kingdom: Oxfam.

Oxfam (2008). *Getting started with global citizenship: A guide for new teachers.* United Kingdom: Oxfam.

Oxfam Hong Kong (2011). *Global citizenship education school guide: Concepts, practice, experience.* Hong Kong: Oxfam Hong Kong.

Pike, G. (2000). Global education and national identity: In pursuit of meaning. *Theory into Practice*, *39*(2), 64-74.

UNESCO. (2014). *Global citizenship education: Preparing learners for the challenges of the 21st century.* France: United Nations Educational, Scientific and Cultural Organization.

UNESCO. (2015). *Global citizenship education: Topics and learning objectives.* France: United

Nations Educational, Scientific and Cultural Organization.

Walkington, H. (1999). *Global citizenship education: Theory into practice*. Sheffield: Geographical Association.

Zahabioun, S., Yousefy, A., Yarmohammadian, M., & Keshtiaray, N. (2013). Global citizenship education and its implications for curriculum goals at the age of globalization. *International Education Studies*, *6*(1), 195-206.

林永豐（2012）。〈全球教育的重要主題及其課程設計〉。《課程研究主題論文》，第 7 卷第 2 期，頁 31-54。

香港小童群益會（2011）。《今日常識新領域——服務學習資源冊》。香港：教育出版社。

香港中華基督教青年會（2015）。《開展世界公民教育教材套》。香港：香港中華基督教青年會。

陳麗華、彭增龍（2007）。〈全球觀課程設計的新視野：公民行動取向〉。《教育研究與發展期刊》，第 3 卷第 2 期，頁 1-18。

葉蔭榮（2005）。《社會服務良好實踐的要素：從公益到倡議》。香港：教育局。

趙永佳（2013）。《全球化 360》。香港：明報出版社。

課程發展議會（2011）。《小學常識科課程指引（小一至小六）》。香港：政府印務局。

課程發展議會（2010）。《生活與社會課程指引（中一至中三）》。香港：政府印務局。

課程發展議會及考評局（2015a）。《通識教育科課程及評估指引（中四至中六）》。香港：政府印務局。

課程發展議會及考評局（2015b）。《歷史課程及評估指引（中四至中六）》。香港：政府印務局。

課程發展議會及考評局（2015c）。《地理課程指引（中四至中六）》。香港：政府印務局。

2. 流動電子工具與建構學習的三大支柱（T）

2.1 建構學習（Constructivist Learning）的三大支柱

傳統的單向灌輸並非有效的世界公民教育手法，總結上一章的學與教策略（1.4）──對話與提問、社區為本的經驗學習法、探究式專題研習，都與建構學習有不可或缺的關係。綜合不同文獻，建構學習有以下三大支柱：

建構主義面向（Moshman, 1982）	代表人物（Dalgarno, 2001）	學習三大支柱（Ryu & Parsons, 2009）	本書分類及定位
內發建構主義（Exogenous Constructivism）	皮亞傑（Piaget）	建構式學習（Constructive Learning）	個人自主學習 ●學習發生於參加者發現自己的既有知識與實際經驗的差異； ●工作員的正規指導，配以練習，讓參加者建立知識，日後能應用於真實任務上。
辯證建構主義（Dialectical Constructivism）	維哥斯基（Vygotsky）	合作式學習（Collaborative Learning）	社群協作學習 ●學習發生於社會的環境及真實經驗中； ●工作員提供鷹架，讓參加者透過與專家或同儕的互動及協作來學習。
外衍建構主義（Endogenous Constructivism）	康德（Kant）、杜威（Dewey）	情境式學習（Situated Learning）	情境探究學習 ●學習發生於不同的處境中，參加者憑個人經驗各自形成抽象的概念； ●工作員提供經驗，挑戰學習者的既定模式。

2.2 個人自主學習 (Self-directed Learning)

　　Knowles（1975）提出自主學習的概念，指出參加者自行訂立目標、識別資源、選擇及實行合適的學習策略並評估學習成果，而 Gu（2016）則指出自主學習在學習過程中提升學習效果的潛能。促進自主學習的過程中，Traxler（2009）及 Koole（2009）指出要照顧以下的差異：

　　1. 社會及認知的多樣性：既有知識

　　2. 身體的差異：記憶及學習障礙

　　3. 學習風格及方法：動機、興趣及元認知（meta-cognition）

　　下文將按以上三點，討論流動電子科技如何應對這三種的學習差異。

既有知識 (Prior Knowledge)

　　建構主義視學習為畢生地建構知識。建構學習不是被動的吸收，而是修改個人原有的知識結構及經驗，以創造個人對經驗及資訊的新理解，把經驗合理化和實用化（Piaget, 1970; Fosnot, 1989；張世忠，2000）。

　　流動學習在既有知識上建構新知識的例子：

● 配合各人建構知識能力上的差異，彈性提供不同程度的練習（Churchill, Lu, Chiu, & Fox, 2016）；

● 注意實際活動經驗與認知能力的差異，善用視覺、聽覺及文字的資訊，避免參加者需接收及解讀過多的內容，並鼓勵互動（McQuiggan et al., 2015）；

● 善用既有知識來測試概念，並鼓勵參加者在新的情境下應用（Ryu & Parsons, 2009），例如：

■ 電子測驗系統，例如：Kahoot!、Plickers，來總結參加者現有的認知，反思及連結新的資訊；

■ 遊戲為本學習：爭取游離者的注意力，創造挑戰，將他們置於有趣的故事環境當中，進行互動的遊戲，以創造全新的理解（McQuiggan et al., 2015）。

記憶（Memory）

　　工作員要留意感官記憶（sensory memory）及工作記憶（working memory）之間的瓶頸，重要及關鍵的資訊才能得到參加者注意，包括：以多感官接收環境的資訊（McQuiggan et al., 2015）。流動電子工具能提供多媒體的內容、展示的次數等，以不同的感官直接引起參加者注意最相關的內容，工作員也可制訂計劃，讓那些最易被忽略的重要資訊可以重新呈現和更易地被參加者接觸。

　　留意參加者的認知發展程度，並意識到工作記憶的限制，運用一些流動電子工具來促進高階思維，例如（McQuiggan et al., 2015）：

● 透過多用家的應用程式、電子分享（與老師或同儕）及其他分享個人內容的方法（例如：投影簡報、電郵及文字訊息等），促進散佈式認知（distributed cognition）；

● 設計一些可隨時隨地自行評估的程式，以有趣的方法來練習一些重要的技巧，以提升動機；

● 又或以有意義的方式展示相關資訊，讓學習者不用牢記：多媒體模擬、互動及組織化的筆記空間（例如：Padlet 便條貼牆作反思札記或 Coggle 腦圖）。

動機及興趣（Motivation and Interest）

　　在動機層面，使用流動學習工具時須小心地運用一切的外在獎賞。工作員宜根據強化學習（reinforcement learning）的最佳做法，建立彈性及個人化獎賞制度，而這個制度會隨著參加者對概念的掌握而漸漸消失——只獎賞那些從中有所得著者，而非一些本身已有內在動機去完成任務的參加者；也獎賞一些有成效的學習行為，而非其最後結果，以提高學習效能感及動機（Hubackova, 2014; McQuiggan et al., 2015）。

　　在興趣層面，為提高學習的吸引力，工作員可嘗試把學習目標與參加者的個人興趣結合（例如：閱讀他們有興趣的課題，把驚喜、故事、科技、凝聚等元素結合在學習的活動中），以新穎的方式展示資訊，並加入體驗活動、提供選擇，以提高自主性，並促進人際互動（McQuiggan et al., 2015）。

　　元認知（meta-cognition）是對自身學習過程的理解和控制，由於並非所有人都

掌握此技能,故可用流動電子工具來支援元認知的技巧及策略(例如:組織筆記、管理時間及監測目標)以及行為(例如:檢視進度及概念的掌握),甚至提供自我評估的機會,以增加參加者對個人認知程度的了解,以改善理解力、記憶力及建構知識的能力。

2.3 社群協作學習(Social Collaborative Learning)

Vygotsky(1978)提出的「社會建構主義」(Social Constructivism)指出,與人互動的社會學習(social learning)先於個人內在的認知發展。在學習過程中,會存在一些「更有知識的他人」(The More Knowledgeable Other, MKO)——在某一任務或概念上比參加者有更多理解或更有能力者,可以是工作員、教練、較年長者、同儕、較年輕者,以至流動電子工具。學習發生於「近側發展區」(Zone of Proximal Development, ZPD),即「獨立發展水準」(actual level of development)與「潛在發展水準」(potential level of development)之間,前者是個體能夠獨立解決問題的能力,後者是需要「更有知識的他人」(MKO)引導協助下或相互協作才能解決問題的層次,兩個水準之間的差距就是「近側發展區」。

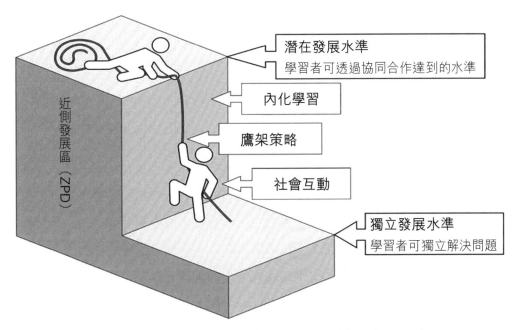

在近側發展區 (ZPD) 中的伸展跳躍學習(陳麗華,2014)

賴坤弘（2009）綜合 Vygotsky（1978）及 Wood, Bruner, & Ross（1976）的文獻，提出「鷹架」（scaffolding）是指要令學習活動有效，工作員必須扮演積極的引導者（facilitator）。在符合參加者需要及個別能力下，提供更具挑戰性的活動，吸引他們參與學習的情境，透過與參加者的互動，逐步將學習責任轉移到參加者身上，令他們可獨立解決問題。這是指導－提示－自發的過程，具引發參與、減輕學習負擔、管理目標方向、指出重點、控制挫折和示範的作用。

Davis & Miyake（2004）以來源去區分鷹架：

● 教學者鷹架：以討論和對話來達致學習目標，例如：討論、示範、練習、提問、提示、澄清、回饋、嘗試錯誤等

● 同儕鷹架：運用參加者間的互動來相互支援，發現和校正彼此思考與推理上的缺失，以達成共同學習的目標，包括：口語斡旋、提供解釋、分享類比或譬喻等。與合作學習異曲同工，當中的學與教策略包括以下基本原則（Johnson & Johnson, 1975）：

■ 正面的互相倚賴

■ 面對面的互動

■ 個人及小組對學習負責

■ 人際 / 合作技巧

■ 小組處理

■ 適當及有意義的小組任務

● 學習工具鷹架：隨著科技發展，運用軟體，如：文書處理、電子網絡、通訊學習程式，組織學習活動，建構練習，讓參加者更為自己的學習負責，工作員在必要時才引導或幫助。此外，科技也可讓參加者有足夠的時間和別人合作解決問題。Reiser（2005）提出了兩種不同的方式：一是對任務的結構化（structuring the task），要簡化任務和提供對任務結構的選擇，以令參加者達成學習任務；二是將學習者的工作問題化（problematizing aspects of subject matter），使參加者通過推理及解決實際問題，參與執行任務的過程。

陳麗華（2014）指出人文社會學科中的「鷹架」包括：情境引導（連結生活經

驗）、分享歸納（創作關鍵概念）、問題探究（探討問題或技能）、分享歸納（解決問題的策略或原則）、實作應用（創作課題或技能的表現）。

Ryu & Parsons（2009）、Koole（2009）、Balacheff et al.（2009）、McQuiggan et al.（2015）及陳劍涵、陳麗華（2015）都指出「鷹架作用」對工作員運用流動裝置進行協作學習有以下的啟示：

透過網絡交流，與世界對話，參加者能自我探索知識，而藉由所搜尋到的資訊去判斷教科書上的知識是否正確，與該知識相關的人、事、物直接互動，與 MKO 跨文化溝通，以獲得第一手、更新及更真實的資料；參加者得以進行主動探究事物的規律，建構成自己的知識體系，並透過社會互動交流，修正知識的內容，以及與網上平台一同建構新的知識。具體例子就是利用社交媒體，例如：Facebook、Instagram、Twitter 等連接至其他用家：

● 參加者可閱覽簡潔的個人訊息，易於消化；

● 資訊長短沒有上限，使用家能找尋任何相關資訊，例如：時事、評論；

● 以不同的媒介，包括：文字、圖片、影片、聲音等展現多種觀點；

● 以讚好、表情或留言等方式交流感受或看法；

● # 號（Hashtag）及超連結能迅速分類、組織及作延伸研究；

小組協作進行專題研習（project-based learning）時，流動電子工具可促進參加者利用裝置溝通，分享數據及訊息、交流資訊（Jones, Scanlon, & Clough, 2013），通過人與人之間的互動，學習者從中更能吸收知識。通過網絡交流，可引導參加者在網絡上蒐集、整理、分析與評估資訊，例如：用 Padlet 或 Coggle 腦圖共同討論及整理概念，以促進參加者對知識更深度的理解，培養參加者高層次批判思考的能力。此外，更可利用雲端工具，例如：Google Drive 或 Dropbox 等，組員各自在家中即時共同閱覽、製作及修改文件、圖表或簡報，並可迅速地分享學習成果。

2.4 情境探究學習（Situated Inquiry Learning）

有不少論者都指出，在傳統課室的正規學習（formal learning）外，流動電子學習更能支援個人化及情境化的半正規和非正規學習（Kukulska-Hulme & Traxler, 2005;

Jones, Scanlon & Clough, 2013; McQuiggan et al., 2015）：

- 半正規學習（semi-formal/ non-formal learning）：由工作員或導賞員規劃，在校外的機構、組織及社區處境中學習（Eshach, 2007），例如：課外活動、社區探究定向；

- 非正規學習（informal learning）：沒有規劃的結構，學習者按自己的興趣及好奇心，主動、自然及即興地探索及理解日常生活中的世界，例如：家庭、鄰舍（Eshach, 2007）。

這兩者與探究式和真實情境學習的精神不謀而合。

探究式學習（Inquiry Learning）

de Jong（2006）、黃國禎（2014）等把「探究式學習」視為一種有效促進參加者主動學習的手法，幫助他們面對問題時，可以組織蒐集的資訊，並主動運用策略去解決。探究過程由參加者的好奇心、興趣和熱情推動，去探索、發現、提問及重新理解世界。參加者扮演主動建構知識的角色，而工作員則扮演促進學習的角色。Novak et al.（1999）依探究方式及參加者角色來區分的學習模式：

探究方式	參加者角色	工作員角色
1. 接受式探究：由工作員提供探究問題和方法	在指定範圍中把事件及資料推理分析，並組織有意義的關係	活動領導者（提出問題、促進反思、組織教材與情境）
2. 指導式探究：工作員在參加者進行探究時給予指示和引導	由工作員引導觀察和思考，自行獲得推論及發現答案	鼓勵參加者合作及溝通
3. 主動式探究：參加者扮演積極主動的角色，工作員從後協助	完全自行決定如何蒐集、整理資料，而且自行解決及獲得答案，並為關係或形態賦予意義	不主動給予指導和介入，只鼓勵參加者與他人分享自己的推論

de Jong（2006）、黃國禎（2014）、沈中偉、黃國禎（2014）、Udell & Woodhill（2015）及 McQuiggan et al.（2015）等按探究的步驟，指出流動電子裝置可發揮的角色：

1. 辨別特定問題，回顧文獻及資料來收集相關證據，以建立一套假設

　　■ 利用腦圖工具去協助思考及計劃

　　■ 網上更新資料：利用 QR 掃描器、Google 搜尋及 Goggles，檢閱本地或全球的新聞及資訊

2. 搜集第一手的原始數據

　　■ 透過不同方式進行訪問，例如：問卷、投票、影片、錄音，擴展資訊的形式

　　■ 地圖：用 Google 地圖或 Ramblr 尋找觀察目的地，並記錄其軌跡，以便追蹤採集資料的來源，又例如 The Mappiness 運用全球定位系統指出用家的地理位置，並分享他們的感受

　　■ 測量環境工具：流動裝置能蒐集不同的數據，例如：測量光線、聲音分貝、氣溫、氣壓、高度、呼吸等，再透過網絡上傳雲端平台或傳送給其他人

3. 處理及分析資料，綜合作出結論

　　■ 整合蒐集的資訊：透過同儕分工，完成任務

　　■ 把數據置於大環境中：為問題找出更清晰及有意義的答案，發現當中的關係、模式，以理解我們所身處的環境

　　■ 工作員可作即時引導，針對探究，提供引導或提示

4. 匯報：把材料轉移及應用至全新及真實的處境

　　■ 自動製作統計圖表或其他把數據視覺化（data visualization）的形式以呈現其成果

　　■ 記錄探究歷程，拍攝及剪輯微電影，並配以旁白及注釋

　　■ 透過社交網絡分享結論：其他參加者再透過這些平台分析、討論匯報的結果，提供即時的同儕回饋

真實情境學習（Authentic Situated Learning）

　　情境學習（situated cognition）指學習者在真實、合適及有意義的環境中參與活動，與不同的文化、處境及人物互動及探究問題，並從中學習某一技能（Lave & Wenger, 1991; Ryu, 2009; Brown, Collins, & Duguid, 1989）。

Rule（2006）、Traxler（2009）、沈中偉、黃國禎（2014）及 Churchill et al.（2016）皆指出，在真實（authentic）環境中學習的活動有以下特色：

- 生活化：模仿某個專業去處理一個真實世界的問題，以直接的感官體驗把資訊及理論跟參加者的生活連結；

- 行動導向：在社區中參與、觀察及訪問不同的專家，從他們身上學習，有「師徒傳承」（cognitive apprenticeships）的影子；

- 文化相關：讓學習者適應社會大眾的一般做法；

- 有趣：為參加者充權，讓他們在自己的研習中作出選擇，進行開放式的探究，會更有吸引力。

流動裝置把真實世界帶入課室，並把課室的學習活動帶到真實世界，將之變成另一個教學現場。Traxler（2009）、Ryu & Parsons（2009）、黃國禎（2014）及 Churchill et al.（2016）等指出流動裝置在真實情境學習中有以下的作用：

- 流動裝置就像學習的引導者，帶領參加者發掘在真實情境中潛藏的學習內容，協助他們在現實環境中觀察，更明瞭學習內容，並促進自我評估及反思，有助參加者把課本的知識結連現實；

- 優化學習活動，連結參加者的真實經驗，例如：在探訪、個案研究中更投入個人情感；

- 實地考察：

  - 以 Eduventure 為例，運用全球定位系統（GPS）來導航及尋寶，找出指定地點，以導引、補充資料或系統提示，在真實環境進行探索任務，更可在課室外糅合講故事的元素，以真人發聲的旁白進行導賞；

  - 以 GPS 及 Google 地圖作地理標記，收集或量度環境資訊，透過網絡搜尋額外的資訊，以比較兩者的一致性；

  - 相機拍攝，除可在指定地點掃描 QR 碼下載任務外，亦有很多不同的功能，如：自動對焦、放大、用 Instagram 或 PhotoGrid 增加不同的濾鏡效果，更多元化地記錄現場環境。

● 模擬環境（virtual simulation）：

■ 利用虛擬的環境作現場的演練及操作，一方面，工作員可即時作出提示、評量與回饋，另一方面，令參加者熟習技巧及過程，具體地應用知識，提高學習動機；

■ 除了克服了金錢、時間及人身安全等關卡外，也把課堂活動的界限大幅擴展至世界各地；

■ 例如：模擬城市（sim city）、虛擬實境（virtual reality）體驗

● 混合環境（blended）：結合擴增實境（augmented reality），例如：Layar 把虛擬物件帶到現實生活，而相機、Google Goggles 等都有助參加者尋找資料，詳閱第三冊《活用 VR 看世界》。

參考資料

Balacheff, N. et al. (2009). *Technology-enhanced learning*. Dordrecht: Springer Netherlands.

Brown, J. S., Collins, A., & Duguid, P. (1989). Situated cognition and the culture of learning. *Educational Research*, *18*(1), 32–42.

Churchill, D., Lu, J., Chiu, T. K. F., & Fox, B. (2016). *Mobile learning design: Theories and application*. Singapore: Springer Science.

Dalgarno, B. (2001). Interpretations of constructivism and consequences for computer assisted learning. *British Journal of Educational Technology*, *32*(2), 183-194.

Davis, E. A., & Miyake, N. (2004). Explorations of scaffolding in complex classroom systems. *Journal of the Learning Sciences*, *13*(3), 265-272.

de Jong, T. (2006). Scaffolds for computer simulation based scientific discovery learning. In J. Elen & R. E. Clark (Eds.), *Dealing with complexity in learning environments* (pp. 107-128). London: Elsevier Science Publishers.

Eshach, H. (2007). Bridging in-school and out-of-school learning: Formal, non-formal, and informal education. *Journal of Science Education and Technology*, *16*(2), 171-190.

Fosnot, C. T. (1989). *Enquiring teachers, enquiring learners: A constructivist approach for teaching*. New York: Teachers College Press.

Gu, J. (2016). Understanding self-directed learning in the context of mobile Web 2.0-case study with workplace learners. *Interactive Learning Environments*, *24*(2), 306-316.

Hubackova, S. (2014). Pedagogical foundation of eLearning. *Procedia-Social and Behavioral Sciences*, *131*, 24-28.

Johnson, D., & Johnson, R. (1975). *Learning together and alone: Cooperation, competition and individualization*. Englewood Cliffs, NJ: Prenticc-Hall.

Jones, A. C., Scanlon, E., & Clough, G. (2013). Mobile learning: Two case studies of supporting inquiry learning in informal and semiformal settings. *Computers & Education*, *61*, 21-32.

Knowles, M. S. (1975). *Self-directed learning: A guide for learners and teachers*. Englewood Cliffs: Prentice Hall/Cambridge.

Koole, M. L. (2009). A model for framing mobile learning. In M. Ally (Ed.), *Mobile learning: Transforming the delivery of education and training* (pp. 25-47). Edmonton, CA: AU Press.

Kukulska-Hulme, A., & Traxler, J. (2005). Mobile teaching and learning. In A. Kukulska-Hulme & J. Traxler (Eds.), *Mobile learning: A handbook for educators and trainers* (pp. 25-44). London, UK: Routledge.

McQuiggan, S., Kosturko, L., McQuiggan, J., & Sabourin, J. (2015). *Mobile learning: A handbook for developers, educators, and learners*. Hoboken, New Jersey: John Wiley & Sons, Inc.

Moshman, D. (1982). Exogenous, endogenous and dialectical constructivism. *Developmental Review*, *2*, 371–384.

Novak, G. M., Patterson, N. G., Gavrin, A. D., & Christian, W. (1999). *Just-in-time teaching: Blending active learning with web technology*. Prentice Hall.

Piaget, J. (1970). *Science of education and the psychology of the child*. New York: Viking.

Reiser, B. J. (2005). Scaffolding complex learning: The mechanisms of structuring and problematizing student work. *Journal of the Learning Sciences, 13*(2), 273-304.

Rule, A. C. (2006). The components of authentic learning. *The Journal of Authentic Learning, 30*(1), 1–10.

Ryu, H., & Parsons, D. (2009). Designing learning activities with mobile technologies. In H. Ryu & D. Parsons (Eds.), *Innovative mobile learning: Techniques and technologies* (pp. 1-20). New York, US: Information Science Reference.

Ryu, H. (2009b). Designing situated learning experiences. In H. Ryu & D. Parsons (Eds.), *Innovative mobile learning: Techniques and technologies* (pp. 255-272). New York, US: Information Science Reference.

Traxler, J. (2009). Current state of mobile learning. In M. Ally (Ed.), *Mobile learning: Transforming the delivery of education and training* (pp. 9-24). Edmonton, CA: AU Press.

Udell, C., & Woodill, G. (2015). *Mastering mobile learning: Tips and techniques for success.* Hoboken, New Jersey: John Wiley & Sons, Inc.

Vygotsky, L. (1978). Interaction between learning and development. *Readings on the development of children, 23*(3), 34-41.

Wood, D. J., Bruner, J. S., & Ross, G. (1976). The role of tutoring in problem solving. *Journal of Child Psychology and Psychiatry, 17*, 89-100.

沈中偉、黃國禎（2014）。《科技與學習：理論與實務》（第四版）。台灣：心理出版社。

張世忠（2000）。《建構教學——理論與應用》。台灣：五南。

陳劍涵、陳麗華（2015）。〈以網路國際交流重構學習者教材知識的契機與實例〉。《教科書研究》，第 8 卷第 1 期，頁 109-134。

陳麗華（2014）。〈鷹架策略在教科書／教材轉化之實踐〉。《教科書研究》，第 7 卷第 3 期，頁 143-192。

黃國禎（2014）。《未來教室、行動與無所不在學習》。台灣：高等教育出版社。

賴坤弘（2009）。《教學中的鷹架作用》。台灣：國立高雄師範大學教育學系。

3. 實地社區考察：理論與實踐（P）

3.1 社群主義教育與社區有教室

「社區有教室」（classroom in community）源於社群主義教育（communitarian education），Arthur（1998）指出社群主義認為個人應與社區連接，其核心思想視教育為提升民主參與、促進社會團結以及幫助處理社區間差異的媒體。因此社群主義教育中，參加者「深入學習」的意思是通過在社區中學習，把價值觀內化及以道德理性發展其批判能力以應用於日常行事之上。教育糅合知識，還包括豐富的情感、行動及對真實世界的反思。Tam（1996）假設社群學習應有兩個面向：一是認識舊有歷史，二是展望未來。一方面教育青年人尊重歷史的傳統價值，同時對這些價值有一份批判思考，另一方面透過與他人深入研究及認識後，除去一些對於舊有價值的偏見，迎接未來的生活。因此，通過與社群中的人物親身接觸和訪問，可促進對社區的認識。

為連結課程和社區以回應台灣「九年一貫」之教育改革，余安邦等（2002、2005）提出「社區有教室」的概念。「社區」是學習者生活與學習的基本場所，蘊含豐富的潛在資源，提供非常多元學習的空間與材料，也並非只限於本土的社區，更可擴展至城市、國家以及全球的層次，甚至包括虛擬情境。「教室」並不只是學校中的「課室」，而是廣義的「學習空間」。「社區有教室」，則是通過工作員與社區人士合作，有系統地設

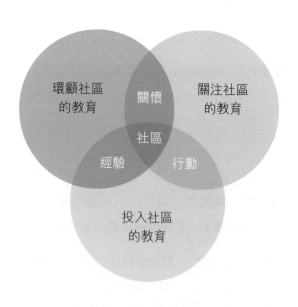

計及實施課程，把學校附近的社區資源轉化為有利學習者感知的結構性情境，藉由具體而直接的經驗，主動建構自己的知識和價值，集中注意力進行有意義的學習，以達致「社區學校化」──把社區轉化成可用的學習場所，以及把學校課程與社區生活結

合，促進參加者主動學習。概念與 Brookfield（1984）的「以社區為學習資源的教育」（education in the community）相近，學習地點不限於學校內，可以是在工廠、古蹟、商店或田野之間。

有別於傳統教育的「問題解決」（problem solving）視野，「社區有教室」視課程為所有正式、非正式、隱藏的知識及傳統的傳承，包括社區的活動、文化，本質上是流動的。老師的角色是社區中的學習者（community learners）及問題陳顯者（problem-posers）（余安邦，2005；Chan, 2009），持續地與課程的參與者——社區中的不同人士集體對話。「社區有教室」更要進一步開發社區活力，促成改造社區行動，最終目的乃達成「營造社區總體」之理想。

為連結學校和社區，余安邦（2002）還指出「社區有教室」連繫著三個互相緊扣的部份，本冊書亦以此為基礎來設計及鋪排考察，包括：

● 環顧社區的教育（about the community）：挖掘參加者過去的生活經驗，並提出社區議題，作為議題的導入，引發探究動機；

● 投入社區的教育（in/through the community）：帶領參加者走進社區訪查，建立社區夥伴關係，探索及深入學習相關議題；

● 關注社區的教育（for the community）：以反思來引導參加者探索及反思相關的議題，重新審視社區，並規劃下一步的行動。

在「社區有教室」運作的過程中，這三個環節所進行的「螺旋式提升」整合學習路徑，不單是對情境知識（situated knowledge）的「在地整合」（local integration）——以社區中實踐性及常識性的生活經驗引導學習，投入特定議題；也同時對高階知識（就本書而言，則是世界公民教育的知識、態度和技巧，對學校老師而言，則是特定學科的課程知識）進行了「系統整合」（system integration）——以社區共同的議題為關注焦點，引導參加者重新反思或解構日常慣例的當然性，轉而關懷社區的獨特性和整體發展，整合理論和知識。

由於社區學習材料十分豐富，所以一個考察情境已可以觸及多個課程議題。例如生活與社會科老師帶領初中生考察超級市場時，單以「食物標籤」這「情境」便可用食品來源地和包裝地等去帶出食物里程，除了回應「經濟全球化」這課題外，更可利用公平貿易等消費標籤來處理「國際貿易」、「明智消費」的議題（詳見 F9 觀塘區之

路線），又或以清真認證的標籤來討論尊重和保障不同人的宗教信仰自由，帶出「寰宇一家」的議題（詳見 F17 葵青區之路線），並以水樽的廣告標籤和包裝來討論環保與可持續發展，帶出「世界公民」的議題（詳見 F8 黃大仙區之路線）。這個例子說明了「在地整合」和「系統整合」的螺旋式關係。

3.2 實地考察及其好處

實地考察（field trip）是「社區有教室」的呈現方式之一。Gillett（2011）、Higgins, Dewhurst, & Watkins（2012）及 Behrendt & Franklin（2014）指出實地考察是邀請參加者離開學校範圍，進行數小時、一天以至一周的觀察、探訪、自主研究或導賞活動（guided activities），讓他們與實物及實景互動，並與課堂材料作比較。這手法有以下的好處：

● 親身體驗，與人交流，有助連結理論知識與現實生活

● 考察成為鷹架，令學習者加快進入「近側發展區」（ZPD），以認識抽象的概念

● 挑戰既定想法，從而批判及創新地思考

● 提高動機：更歡愉、難忘及有意義的經驗，能提高參與及投入程度

● 改變課室的氣氛，創造互相支援的學習環境

● 創造獨特而難以在學校體會的經驗

在香港的課程中，實地考察是地理科的一項特色，讓參加者有機會在現實世界應用課堂上學到的知識／概念，並且在考察時獲取新知識／概念。此外，參加者在實地考察時更可發展多種技能，包括本科技能及共通能力（如：解難、批判性思考）。在情意領域方面，實地考察著重參加者在新環境中通力合作，從而發展出對自己和其他參加者的需求和技能的洞察力（課程發展議會，2011）。

3.3 設計及執行實地考察來建構學習經歷

3.3.1 選取考察的形式

很多推動實地考察的同工在設計考察活動時，都可能會遇到以下的疑問：

● 課程主題帶動 vs. 社區帶動？

● 知識帶動 vs. 經驗帶動？

● 傳輸知識（講）vs. 建構知識（構）？

● 引證知識 vs. 發現知識？

筆者把以上的疑問和 Hein（1998）的「教學理論模式」、張菀珍（2006）的社區學習體驗設計類型及 Lambert & Balderstone（2000）的地理考察分類，在下圖中結合至不同的社區實地考察活動形式內：

主題帶動：知識存在於學習者之外

說教：
導賞（Field Excursion/ Guided Tour）

發現：
發現式觀察（Discovery and Observation）

累積學習一點點增加 / 被動接收
學習論

學習者主動建構知識

傳輸 / 引證 / 知識吸收（absorption）

知識論　發現 / 建構 / 經驗沉浸（immersion）

刺激：
訪問（Interview）

建構：
自由探索（Exploration）

社區帶動：所有知識經由學習者個人或社會建構而成

3.3.2 觀察法的分類

從上圖所見，觀察法（observation）是考察時一個重要的活動，用來蒐集資料，而有目的、有規劃及有系統的「科學觀察」更是質性研究的一種。觀察法有助於了解和預測人類的行為及其背後的社會現象，而不用加入個人意見。有些人可能較習慣被觀察和記錄，而不習慣被訪問。

觀察法有下列分類（Bailey, 1987；王文科，1990）：

區分準則	觀察法的類別	應用於考察的例子（較適用之電子工具）
觀察設計的規劃程度	結構化觀察	給予某些標準予觀察者評核（Google 表格較適用）
	非結構化觀察	觀察者無任何框架，隨意自由觀察（SeeSaw 較適用）
觀察者角色及參與程度	參與觀察	觀察者在社區生活或身處在街坊中，例如：代入角色扮演（Ramblr 較適用）
	非參與觀察	觀察者獨立客觀地旁觀，甚至在被觀察者不知情下暗中觀察（Padlet 及 SeeSaw 較適用）
觀察者是否身在現場	直接觀察	親自在現場以眼、耳、口、鼻、手等觀察與記錄
	間接觀察	用設備記錄，事後分析
觀察的記錄	描述性觀察	記錄客觀的事實
	評鑑性觀察	記錄主觀的評斷，如： ● 寶（獨特）、趣（有趣）、讚（欣賞）、彈（批評） ● 對比：新 / 舊、遠 / 近、多 / 少、相似與不同 ●「最……」(the most)、「無……」(the missing)

3.3.3 設計考察活動小秘技：考察「三寶」、多用「五官」

社區考察對學習者而言，可善用社會科學的研究方法進行探究。而作為體驗學習的形式之一，宜多善用感官刺激來增強主題，感官刺激愈多，設計的體驗就愈能為參加者留下印象。為了讓兒童和青少年更易理解，筆者把以上的概念簡化為易記的「三寶」和「五官」。

睇：觀察（Observation）	眼（視覺）、耳（聽覺）、口（味覺）、鼻（嗅覺）、手（觸覺）
數：統計（Statistics）	點算（count）不同的人、事、地、物、時
問：訪談（Interview）	應用不同框架來訪問街坊： ● 以 4F 訪問經驗：Facts（事實）、Feelings（感受）、Findings（發現）、Future（未來） ● 以時間軸上不同的立足點來敘述經驗：久遠的過去（far past）、最近的過去（recent past）、現在（here and now）、可見將來（recent future）、遠象（far future）

當我們帶領考察並運用不同應用程式來記錄這三寶和五官時,可發揮的多媒體功能如下:

常用考察程式	睇					數	問
	眼	耳	口	鼻	手		
Google 表格	Short Answer					MC MC Grid Checkbox Time	Short Answer
GoFormative	Show Your Work	Show Your Work	Show Your Work	Show Your Work	Show Your Work	單選 多選	Audio Response
Ramblr/ Padlet	Video Photo	Voice	Voice	Photo/ Voice	Photo	Note	Photo/ Voice
SeeSaw	Drawing Photo	Audio	Audio	Photo/ Auidio	Video		Video Audio

3.3.4 營造社區,蒐集考察資源

余安邦等(2002)建議,在社區中善用以下向度發掘學習空間:

● 人:協助蒐集教材或學習經歷發展的關鍵人士(People)

  ■ 對象組群:兒童、青少年、家庭、成人、長者或不同身心需要的人士

  ■ 社區領導者和社區持份者

● 事:社區的生活事件(Life)

  ■ 社區關注的議題 / 問題,如:交通、污染、廢物處理、健康和休閒等

  ■ 社區歷史、文化遺產、生活文化、社區節日或節慶、地標或標誌(icons)

  ■ 區內居民的日常生活、生活足跡

- 地：社區的自然與文化地景，可供教學運用的地點或場所（Place）
  - 社區聚焦點：休憩公園、街市、遊樂場、廣場、社區會堂、戲院、社會服務機構等
  - 社區商業活動：商業活動、傳統店舖、二手買賣商店
- 物：社區活動成果的遺產（Design），例如：公共設施或公共家具（public furniture）的規劃與設計
- 時：社區人 / 地 / 事 / 物的變化與發展（Time）

3.3.5 活動安排

- 每個地點的活動各設限時，任務完成與否，都須準時返回每次的集合地點；
- 小組共同行動，把任務分為<u>必選</u>和<u>自選</u>，必選任務與主題極為相關，而<u>自選</u>任務則可留待小組自由選擇；
- 注意夏天及極端天氣留在戶外的時間，預留適當時間休息及事前提醒參加者穿著合適衣物、帶備雨具、水樽、防曬防蚊用品，適當時安排不同路線進入商場、政府公共設施或街市等建築物，讓參加者可恢復體力，繼續完成旅程；
- 由於進行社區考察，連接 Wifi 上網也是另一大挑戰。若沒有足夠的資源購置 Wifi 蛋和數據卡，則可善用公共場所，如：政府場地或商場的免費 Wifi。

3.4 小結：社區考察與世界公民教育

承接剛才提及的人、事、地、物、時的社區學習空間，「社區有教室」乃落實在社會領域中「人與空間」及「人與時間」兩大主軸上。「人與空間」包括：物質性、社會關係、認知架構與象徵、文化習慣、意識形態及生活等空間，而「人與時間」包括：物理、生態、個人、社會及神聖時間（余安邦，2002），這都是與 Hicks（2003）歸納英國三十餘年來全球教育的四個核心要素同工異曲，分述如下：

（一）議題面向：探討五項重要議題，包括平等正義、衝突與和平、環境、疏離以及參與。

（二）空間面向：討論上述議題的脈絡，尤其著重在地與全球的關聯，強調相互依存的關係。

（三）時間面向：討論上述議題在過去、現在與未來的關聯、演變及發展趨勢。

（四）歷程面向：強調全球教育的教學應鼓勵參與和體驗，探索不同的價值觀。

再以剛才提及的「超市全球化」的考察（詳見 F9）為例，看看是如何貫徹 Hicks (2003) 全球教育的四個核心要素及回應社區有教室的時空主軸。

（一）議題面向：以「尋找食物標籤」活動為例，公平貿易反映平等正義，雨林認證及海豚友善反映永續環境等；

（二）空間面向：以「聯合國超市」這活動為例，在超市現場尋找食物的來源地，背後的食物里程則反映全球化的依存，並展現香港作為全球城市的自由貿易特性；

（三）時間面向：以「當消費者遇上食物標籤」活動為例，了解消費者購物心態的轉變，則可展示責任消費這個議題的演變及發展趨勢。

（四）歷程面向：讓參加者通過考察體驗、訪問並再構思進一步的參與在地推廣行動，鼓勵他們探索不同的消費價值觀。

利用流動電子裝置，以上四個面向的學與教效能，都可得到再進一步的強化。至於本書內所載其他路線，都會貫徹以上的四個核心要素，達致深入的社區學習。

參考資料

Arthur, J. (1998). Communitarianism: What are the implications for education? *Educational Studies*, *24*(3). ProQuest Education Complete.

Bailey, K. (1987). *Methods of social research*. New York: Maxwell Macmillan International.

Behrendt, M., & Franklin, T. (2014). A review of research on school field trips and their value in education. *International Journal of Environmental & Science Education*, *29*(3), 235-245.

Brookfield, S. (1984). *Adult learners, adult education and the community*. British: Open University.

Chan, K. B. (2009). "Classroom in community: Serving the elderly people, learning from senior citizens" community-based service learning for secondary school students in Hong Kong. *New Horizons in Education*, *57*(3), Special Issue, n15: 82-96. Hong Kong: Hong Kong Teachers' Association.

Gillett, J. (2011). The use of experiential education and field trips for learning. *Journal of Educational Multimedia and Hypermedia*, *20*(2), 173-177.

Hein, G. (1998). *Learning in the museum*. London: Routledge.

Higgins, N., Dewhurst, E., & Watkins, L. (2012). Field trips as short-term experiential learning activities in legal education. *The Law Teacher*, *46*(2), 165-178.

Lambert, D., & Balderstone, D. (2000). *Learning to teach geography in the secondary school*. London: Routledge Falmer.

Tam, H. (1998). *Communitarianism: A new agenda for politics and citizenship.* London: Macmillan Press.

王文科（1990）。《教育研究法》。台灣：五南。

余安邦、林民程、張經昆、陳烘玉、陳浙雲、郭照燕、劉台光、周遠祁、趙家誌（2002）。《社區有教室：學校課程與社區總體營造的遭逢與對話》。台灣：遠流。

余安邦（2005）。《社區有教室的批判性實踐：當學校課程與在地文化相遇》。台灣：遠流。

余安邦、鄭淑慧（2008）。《社區有教室的在地轉化——打造有文化品味的課程與教學》。台灣：五南。

林振春（2008）。《社區學習》。台灣：師大書苑。

張菀珍（2006）。〈社區學習的創新思維——體驗學習〉，載於中華民國社區教育學會編，《社區學習新思維》。台灣：師大書苑。

陳麗華（2005）。《課程發展與設計：社會行動取向》。台灣：五南。

課程發展議會（2011）。《地理課程指引（中一至中三）》。香港：政府印務局。

4. 流動學習 x 社區考察 x 世界公民教育（T/P/C）

4.1 培養高階思維

科技進步驅動著全球化發展的趨勢，解除了時空對人類的束縛。而流動通訊科技的出現，令人的移動能力大增；透過影音視訊，不同空間的人更可面對面對話。今天假如要認識世界另一角，不同社經地位的參加者只需利用網上學習資源，就可隨時隨地按自己的進度學習，例如：運用世界各地不同媒體的新聞來源，以了解及比較不同角度的説法，成為立足本地、放眼世界的世界公民。由此可見，流動電子學習工具實在有其優勢，提供了創新及蜕變（transformative）的手法去進行學與教。

近年，教育界和社福界推行 STEM（Science、Technology、Engineering 和 Mathematics）教育已成為潮流，不過，如果我們只是追求當中的科學技術，而缺乏人文關懷，則會脱離社會時空脈絡。運用流動學習進行社區考察，關懷社區中的議題，可以做到余安邦所提及的環顧、關注和投入社區的教育，但這只是世界公民教育的第一步。隨後可再通過 STEM 的技術來進行探究和行動，如設計解決全球 / 社區問題或滿足社區需要的產品，那就更能充分體現世界公民教育中「全球視野，在地行動」（think global and act local）的精神。由於世界公民教育著重執行在地社區行動的技巧，所以流動學習會用以下方法支援參加者培養高階思維（McQuiggan et al., 2015）：

解難（problem-solving）：讓參加者在真實情境中選出和界定有興趣解決的問題，與前置經驗和既有知識培養出有意義的關連，並提供相關資源及學與教策略。以多媒體的形式（如：製作圖表）界定問題、收集數據、組織和分析資料、列出限制，以大幅減低參加者的認知負荷，甚至在模擬的環境中，測試假設和解決方法的可行性；此外，世界公民教育亦主張工作員在網上建構學習共同體，利用遙距及開放的學習平台、社交媒體、互聯網以至虛擬實景，讓小組可以同步協作進行專題研習來解難。

創意（creativity）：工作員可因應個別的學習差異和喜好，善用個人化的流動電

子裝置因材施教，促進師生發展蘇格拉底式的辯證法（Socratic questioning），有效地培養創意思考（Iannucci, Parmeggiani, & Zaccarini, 2011）。此外，使用模擬工具可有效減低失敗的潛在成本，緩減因害怕失敗而來的焦慮，讓參加者更敢於冒險。最後，Padlet 這工具能讓參加者匿名留下評語或發問，促進腦力激盪的成效和效率。

批判（critical thinking）：有意義、情理兼備及以目標為主導的思考方法、認知技巧或策略，包括：推論、計算機率及決策。網上環境被視為適合以客觀主義及建構主義的方法來教導批判性思考（Phelan, 2015）。參加者在網上及社區中都能接觸不同來源及角度的資訊，然而部份內容可能與事實不符，因此需要批判地分析不同來源的可信性。參加者要學習收集、組織及綜合證據，評估資料的可信性，並連結不同學科。Gennady, Danail, & Liliana（2012）指出在世界公民教育應用批判思考有以下的向度：

● 評估：批判地考慮所接收的意見，比較宏觀畫面；

● 說明：講述有意義的故事（可以是個人方面，或個人對某些事件的想法），並透過照片、比喻及模型說服他人明白；

● 同感共情：認識及明白其他價值觀。

4.2 挑戰及展望

雖然智能電話和流動裝置日趨普及，不過在執行上仍會遇到一些困難和挑戰，例如：學校或組織缺乏資金提供一人一機，但讓一組參加者共同分享一部裝置，又會影響活動效果。即使有一人一機，不同參加者對不同裝置和平台的使用習慣也有差異。因此，我們提倡不論學校還是機構，都盡量鼓勵參加者自攜裝置（B.Y.O.D.），而工作員也應盡量選用一些以跨平台及網頁為本的程式。

硬件上，現時學校的 Wifi900 計劃及青少年中心與政府場地提升 Gov Wifi 的計劃，都有望提高免費無線上網的頻寬連接能力，而教育局對 STEM 教育提供的撥款，以及政府統計處在人口普查後向青少年中心提供的平板電腦，都令推動流動電子學習的條件變得萬事俱備，讓參加者有更平等的機會去使用科技來學習。

可是，同工對如何運用科技於教學或專業的介入上，仍有一定的憂慮（Chiu & Churchill, 2016），例如：不懂操作、機件故障、不當使用、意外的責任、參加者會

因手機而分心等。這些都會影響整個體系能否接受、建立及採用流動電子學習作為其中一個學與教的策略。我們必須明白，科技和流動裝置滲透在我們生活的各個方面，學校正是最合適的場合去滲透「負責任電子公民」（responsible digital citizens）的概念——教導參加者有效及負責任地運用電子裝置。學校放寬對流動裝置的禁制，同時也要建立指引及使用政策，加上合法、合適、負責任及友善作框架的條款，能從中教導參加者使用流動裝置的責任和風險，尤其是使用自己的手機。青年工作者更可多些介紹工具及策略，把參加者的手機延伸和內化成為一個更有效及更方便的終身學習工具。有論者認同，成功實行「自攜裝置」能減低參加者在課堂內不適當使用裝置的情況（McQuiggan et al., 2015）。

有些人或會懷疑使用流動電子工具學習會很浪費時間，甚至減少人與人面對面的交流（Kala, Isaramalai, & Pohthong, 2010）。Ikpe（2011）也認為網上的討論會減少縝密辯證的論述，而漸趨單向地接受網上資訊。因此，工作員要引導參加者就議題發掘更多資訊，進行獨立而有質素的研究，培養批判思考。

專業發展和培訓只是啟動流動電子學習的第一步，隨後更要建立同工學習社群和支援網絡，因此，為同工提供邊做邊學、朋輩分享及共同探索的環境都是十分重要的。當然，專業同工有時會質疑使用科技進行教育或會出現「為用而用」的情況，用了科技反而更費功夫去準備。誠然，科技是為人類生活帶來方便，筆者重申在叢書第一冊中所提出的「適時適用」原則：專業同工在使用前，宜先評估有關科技是否令教育更有效果和效率。我們同意一些論者指出，在設計學習活動時，考慮「教學法」（P）和「內容」（C）先於「科技」（T）（McQuiggan et al., 2015），善用電子裝置重塑教學法，提供個人化的經驗，推動參加者重掌學習的責任，充權參加者自學，讓他們更積極結合知識主題的內容，並提出真實又有意義的問題，與其他人連結，讓他們能分工合作及用創新的思維去解決問題，達致最佳的流動學習經驗。

科技於學習上的另一個重要角色是在「評估」方面。流動電子學習具備回饋功能，讓工作員知道參加者掌握知識的水平，從而調整學與教策略及側重點並加以解釋。此外，科技所產生的總結性評估大數據（big data），可轉化為有意思或解釋力的資訊，以決定更佳的教學策略，甚至改革現時的評核方法，這可強化進展性評估的效果。

參考資料

Chiu, T. K. F., & Churchill, D. (2016). Adoption of mobile devices in teaching: Changes in teacher beliefs, attitudes and anxiety. *Interactive Learning Environments*, *24*(2), 317-327.

Gennady A., Danail D., & Liliana S. (2012). Technology enhanced learning for humanities by active learning—The SINUS Project Approach. *Cybernetics and Information Technologies*, *12*(4), 25-42.

Iannucci, A., Parmeggiani, A., & Zaccarini, M. (2011). E-learning in humanities in Italian universities: A preliminary report. *Procedia—Social and Behavioral Sciences*, *28*, 729-738.

Ikpe, I. B. (2011). E-learning platforms and humanities education: An African case study. *International Journal of Humanities and Arts Computing*, *5*(1), 83-101.

Kala, S., Isaramalai, S., & Pohthong, A. (2010). Electronic learning and constructivism: A model for nursing education. *Nurse Education Today*, *30*(1), 61-66.

McQuiggan, S., Kosturko, L., McQuiggan, J., & Sabourin, J. (2015). *Mobile learning: A handbook for developers, educators, and learners.* Hoboken, New Jersey: John Wiley & Sons, Inc.

Phelan, J. E. (2015). The use of e-Learning in social work education. *Social Work*, *60*(3), 257-264.

Udell, C., & Woodill, G. (2015). *Mastering mobile learning: Tips and techniques for success.* Hoboken, New Jersey: John Wiley & Sons, Inc.

5. 應用程式的操作技巧

5.1 發放工作紙網站或應用程式 —— QR 碼及短連結

在遊蹤或定向的考察過程中，安排參加者到達檢查站後才能得到下一個任務的提示，此時使用 QR 碼會方便發放工作紙或提示，而且活動後也可用 QR 碼來發放練習或閱讀資料，省掉輸入網址的時間及因打字導致錯誤的機會。因此建議發放資料以 QR 碼為主，短連結為輔。此外，任何文字或符號都是可以轉換成 QR 碼的，工作員可將提示變成 QR 碼，一來增加活動趣味性，二來方便隱藏提示。

A. 準備階段

設置步驟：

1. 開啟製作 QR 碼（Quick Response Code，二維碼）的網站，建議使用 www.the-qrcode-generator.com

2. 點按 URL ，把須轉換的網址貼上指定欄位，右方會展示 QR 碼，再點按其上方的 SAVE

3. 輸入自定檔案名稱及點按 PNG 格式下載，再按 SAVE

4. 使用 Google URL Shortener（🖱goo.gl），因它提供的連結為坊間中最短的；
   把須轉換的網址貼上網址欄位，網站間中會要求用戶驗證不是機器人，並按
   SHORTEN URL

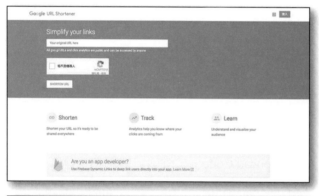

5. 按短連結旁的按鈕，複製（Copy）短連結。貼上時，可刪除開首的「http://」
   才展示給參加者；

6. 如連結內有小楷「L」或大楷「i」，為免在使用時混淆，可考慮重新製作另一
   短連結；

7. 如把文字轉換成 QR 碼作提示，先點按 TEXT ，並重複以上步驟。

注意事項：

● QR 碼可轉換成任何文字及符號，故緊記先行選取 URL（意指網址），並須附上 http:// 在前，方便 Safari 者也可順利登入；

● 應使用原始網址，而非 Google 短連結來轉換成 QR 碼，以免因多重轉換而出錯；

● 不同的發放方式：

　■ 若在室內用投影機，可把 QR 碼插入投影片中，並在旁附上短連結；

　■ 若參加者人數較多，如害怕後排的參加者較難掃描，又或參加者同時出來聚集在螢幕前掃描造成混亂，可按使用的次序把 QR 碼印在同一頁紙上後派發予每組，並以不同顏色區分，每個 QR 碼之間應相隔一段距離，以便參加者辨認和掃描；

　■ 若分組到不同地點考察，工作員可開設 Whatsapp 群組即時發出短連結，可更有效掌握參加者開啟不同網頁的時間。

B. 講解階段

1. 坊間不同 QR 碼掃描程式的功效各異，筆者推薦「i-nigma」，因速度最快，不同角度也能掃描。工作員可邀請參加者先在自己的裝置上安裝程式：

iOS	Andriod
appsto.re/hk/d9Nix.	goo.gl/QqzJEo

2. 開啟程式，掃描時對準 QR 碼在紅色框內，掃描成功後會展示網址確認，按 Go Online 前往；如有錯誤，則按 Back 再作掃描；

3. 如 QR 碼突然無法使用或參加者沒有掃描程式，可請參加者打開瀏覽器，鍵入
   Google 短連結打開網頁。

5.2 Google 表格

A. 準備階段

設置步驟：

1. 進入 Google 表格網站（🖰docs.google.com/forms/），登入 Google 帳戶後，按
   右下角 ✛ 來製作，表格會存放在 Google 雲端硬碟（🖰drive.google.com）

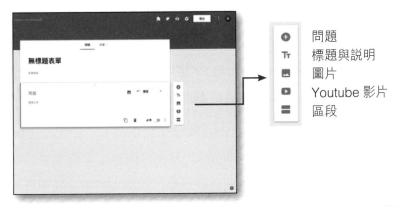

問題
標題與說明
圖片
Youtube 影片
區段

2. 點按 無標題表格 ，輸入標題及表格說明。從右方的內容選單中選取欲新增的項目，內容分成五類，由上至下依次為問題、標題與說明、圖片、Youtube 影片及區段

3. 先點按 問題 ，除可輸入文字外，也可點按問題旁的 山型按鈕 ，以圖片替代文字來提問，然後在九種題型中選擇回答方式：

■ Short Answer（簡短答案／簡答）：收集簡短文字回應，如：詞語、短句；

■ Paragraph（段落）：收集詳細文字回應，如：完整句子、個人感想；

■ Multiple Choice（單選／單選按鈕）：單項選擇題，參加者只可從選項中選一個答案，按 加入選項 以新增選項，選項數目並沒有上限。如欲新增選項為「其他」，可直接點按 新增「其他」，供參加者輸入文字。另選項除了文字外，亦可選擇圖片，只要點按選項旁的山型按鈕便能把選項變得圖文並茂；

■ Checkboxes（核取方塊／選框）：設置方式與「單選」相同，參加者可選擇多個答案選項；

■ Dropdown（下拉式選單）：設置方式與「單選」相若，只可選一個答案，建議在提供大量選項時使用，例如點算數量的上限介乎 10-20，可減少畫面佔用空間，方便閱讀，但不能像如「單選按鈕」般一目了然，選項也只有文字；

■ File Upload（文件上載／檔案上傳）：可上載相片、錄音、影片或文件，並存放在工作員的雲端硬碟中，但須參加者登入後才可上傳，可把考察中搜集到的多媒體數據上傳；

- Linear Scale（直線比例／線性刻度）：評分題，刻度下限可為 0 或 1，刻度上限可為 2 到 10 之間的整數，適用於有關「程度」的問題，可自行設定最高和最低分的含意，如 6 分為「最同意」，也可是「最不同意」，在 標籤（選用）內輸入即可，建議只用為最高分設標籤以節省版面；

- Multiple Choice Grid（單選方格／單選按鈕方格）：表格式選項，「列」（Rows）為直向內容，「欄」（Columns）為橫向內容，只限文字，參加者只可在每列中點按一個答案，而每欄的答案點按次數則不限。適用於能同時匹配多種條件的數據統計、排序及配對的題目；如參加者使用手機答題，由於版面只能展示 2-3 欄，建議宜限制欄數，或把列與欄對調。當欄數較多時，則考慮提供平板填寫；

- Checkbox Grid（選框格線／核取方塊格）：設置方式與「單選按鈕方格」相同，不過參加者每列都點按多於一個答案；

- Date（日期）：格式為「月／日／年」，參加者可在答案欄中直接輸入答案，又或按答案欄旁的倒三角按鈕，然後在展開的日曆中選取日期；

- Time（時間）：時間格式為 12 小時制，參加者必須選取上午或下午，適用於計時的任務。

4. 如要確保參加者必須完成某些問題，可點按「必填」（Required）二字旁的滑動條，由灰色變成彩色。

5. 不同功能的按鈕：

- ⋮⋮⋮ 改變問題的次序，點著按鈕拖移至所想位置；

- 🗑 刪除問題／項目；

■ ⎘ 複製問題／項目；

■ ⋮ 再選取 說明 ，為問題加入補充説明或提示；

6. 除了問題，也能新增標題與説明、圖片、影片及區段，介紹如下：

■ Tᴛ 題與説明：分割同一頁表格的不同部份，點按 未命名標題 以輸入標題，「説明」則為選填，兩者只限文字；

■ 🖼 圖片：可從電腦／流動裝置上載現存圖片檔，亦可選擇即時拍攝或使用網上圖片。若要即時拍攝，請選取 拍攝快照 。若使用網上圖片，則選取使用網址上載，另建議先把網上圖片下載至電腦才上傳，皆因系統只能辨識內容純粹沒有文字的圖片網址；

■ ▶ 影片：插入 YouTube 影片，可直接按 影片搜尋 及 網址 選項。如有個人影片，建議先上載至 YouTube；

■ ═ 區段：把表格中的不同部份分頁展示，讓參加者必須按序完成一個部份後，才可轉到新一頁來閲覽下一區段的內容，又或當問卷某部份不適用於部份參加者時，可設定跳過該部份，工作員不用費時重新製作另一份表格。可設定前往某一指定區段，又或直接提交表格，設定位置在兩個區段之間，為選單式選項（紅色圈示）

7. 🎨 色碟按鈕：若在同一考察有多張表格，建議可改變背景顏色以作分別。工作員亦可按需要改變主題背景，在展開的顏色選單中，選取最後的灰色圖片按鈕，然後便會彈出一個新視窗，從中選擇合適主題照片。Google 表格備有多款預設的主題背景照片，亦可上載自訂的照片（如：校徽或社區照片）作主題，請在選取主題底部的點按 上載相片 。

8. ◉ 眼睛按鈕：預覽表格公開時的模樣；

9. 可為表格作進一步設定，有三種設定項目，包括 一般、簡報 及 測驗，請選取設定之項目，然後從中勾選合適項目的方格，又按滑動條，由灰色變成彩色即可。測驗將在後文詳述；

10.Google 表格有多種發佈方式，建議工作員選用分享連結，如欲縮短網址，請勾選「縮短網址」，另可製作 QR 碼。

注意事項：

● Google 表格不斷更新，新舊版本所用的題型及詞彙也略有不同，如 Google「表格」舊稱為「表單」、Checkboxes 則稱為「選框」或「核取方塊」等。不同用戶也無法自行選擇使用哪個版本。為方便閱讀，本書將使用英文；

- 如欲使用 Google 表格，須先擁有及使用 Google 帳戶。免費帳戶的雲端空間上限為 15GB。Google 表格所佔用的空間是極少的，但若多用檔案上傳（File Upload）這功能，則會大大佔用儲存空間，如空間已滿，則無法創建新 Google 表格，建議工作員要適時刪去舊檔案；

- 表格不能自行記錄作答者，如欲分辨，宜在開首使用 Short answer 要求參加者填寫姓名或組名；

- 如用表格來進行統計任務，建議使用 Linear scale 或 Multiple Choice Grid，方便參加者揀選數字，但由於版面有限，建議統計的數量不多於 10 時才使用，當統計數量上限不多於 20 時，可使用 Dropdown，統計數量多於 20 時，才考慮使用 Short answer。若參加者在 Short answer 輸入完全相同格式的文字時，回應摘要版面就會以圖表展示結果，因此，宜在題目的補充説明提醒參加者必須輸入阿拉伯數字。

- 圖片及影片數量適可而止，當大量參加者同時使用同一表格時，可能會拖慢表格下載及完成後上載的速度；

- 表格操作簡單，系統又穩定，適用於作為記錄戶外考察成果的工作紙，工作員把問題按路線景點順序鋪排，有助推動參加者完成所有問題。

- 設置支援：

B. 考察前的講解

1. 因應不同考察目標，可請參加者以個人或小組為單位來填寫 Google 表格。若是戶外考察，建議分組填寫，有助掌控參加者的完成速度；若在活動後收集個別學習數據，則建議個人填寫；

2. 可把表格連結的 QR 碼及短連結印在地圖上，當參加者到達時，可用裝置掃描 QR 碼，並用任何一種瀏覽器打開連結；或到達地點後，隨組的工作員才提供 QR 碼；

3. 下載表格及提交回應時都必須連接網絡。如在考察的戶外地點未能上網，則可在中心先下載所有表格，在沒有網絡下仍可繼續填寫，但絕對不能關閉或重新載入表格頁面，回到中心後再上載上網。為免出現意外，若能提供網絡，也盡量準備 Wifi 蛋以持續連接網絡；

4. 在戶外考察，建議使用平板電腦，因為畫面較大，不必時常放大縮小或移動版面來閱讀整份 Google 表格，方便參加者完成任務；而同組的參加者也可用自己的手機打開表格來閱讀題目，而只用組內的平板作答即可；

5. 鼓勵參加者在同一活動中劃一使用同一瀏覽器（如：Chrome）來開啟表格，確保版本相若；

6. 參加者完成 Google 表格後，點按頁面底部的 提交（Submit） 回應。成功繳交後，會轉至另一頁面。若設為測驗，參加者更可檢視暫時得分；

C. 考察後的反思

1. 在編輯頁面中點按 回應，回應 旁的數字，代表收集問卷總數。

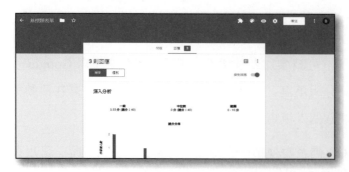

2. 工作員可以 摘要 或 個別 閱覽，並用投影機展示，讓參加者看到眾人的成果；

3. 「摘要」會自動統計及整理參加者的所有回應，並以圖表呈現統計結果，如：棒形圖，而文字回應則會以表列方式逐一列出。節省統整數據的時間，有助工作員引導討論及分析；「摘要」模式中的圖表文字較小，宜放大整個畫面，讓距離屏幕較遠者都可看到，亦可口頭複述這些內容；

4. 「個別」是指獨立展示每份表格，方便閱覽某參加者／組別的成果，繼而鼓勵他們再作深入分享；當討論一些敏感議題或測驗計分時，若參加者未有足夠信任，不建議使用「個別」閱覽，以免識別出參加者的身份而令部份人抗拒公開表態；又或在徵得其同意後，才使用「個別」閱覽模式。

D. 其他應用時機

● **家課習作**：相比紙筆，表格會增加完成家課的誘因，普遍參加者對使用電子工具更感興趣，故電子習作有助增強完成家課的動力，而且系統準確記錄繳交時間，參加者難以欠交功課；

● **總結評鑑**：表格的測驗功能可自動核對答案及計分，設置步驟如下：

■ 在「測驗」中，按「設為測驗」滑動條，並勾選合適項目方格；

■ 建議設定作答者可查看答錯的問題、正確答案，讓他們了解自己答題之對與錯，盡快知悉個人強弱，把總結性評鑑轉化為進展性之效果；

■ 設為測驗後，問題的底部會出現藍色的 答案 選項，可為題目設定正確答案 及分數，請點按 答案 來設定，完成後點按 編輯問題，返回原先問題顯示；

■ 沒有準確答案的題目，如「段落」，系統不會自動評分，須由工作員在「個 別」模式閱覽中手動評核；

■「摘要」模式的開首會多了「深入分析」，此為分數的分析數據；

■ 如需儲存參加者的回應資料，進一步分析進度及學與教的成效，建議下載 Google 試算表，較方便閱覽及收藏。

● **專題研習**：表格設置步驟容易，可鼓勵參加者分組自行設計習作或小測，就某一課題出題，再與其他參加者共享，推動協作學習。設題比答題更難，箇中更考驗個人對某一課題的理解及實際應用；

● **收集意見**：可隨時隨地讓參加者通過流動裝置表達對活動的意見，表格系統會自動統計結果及整理圖表，大大加快分析意見的進度；此外，可整合參加者的意見成為大數據，規劃未來的活動或學與教策略。

■ 工作員可點按頁面右上角的綠色按鈕（橙色圈示），用 Google 試算表觀看，在彈出的視窗中按 建立 即可，試算表就會儲存在雲端硬碟中；

■ 只要不自行刪除回應，系統會自動更新及永久儲存所有數據。如要刪除某一 Google 表格回應，點按 個別，位置在「N 則回應」下，這便可獨立觀看各份 Google 表格，然後按「第 N 個，共 N 個」左右兩旁的左或右向箭號按鈕，移動至欲刪除之表格，再按 垃圾桶 按鈕。

● 報名登記：用作報名或申請登記，特色與「收集意見」相若。

5.3 Formative

A. 準備階段

設置步驟：

1. 首次使用時，先開啟 Formative 註冊頁面（☝goformative.com/signup），並揀選 TEACHER。現提供三種註冊及登入方式，建議選用 Google Sign Up 最為方便。完成後，將直接轉至 Formative 主頁（下稱：Dashboard），隨後，每次可直接進入 Formative 頁面登入（☝goformative.com）即可；

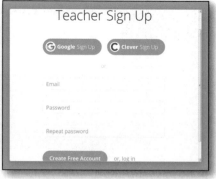

2. 點按 ＋ New Formative 以創建新的工作紙，隨後會導向至編輯頁面（edit），現可新增四類項目，包括內容資料（Add Content）、基本問題（Add Question）、進階問題（Add Advanced Question，須付費）及上載文檔（Upload & Transform），點按 ＋ 後，可新增下一項目；

3. 如欲附加導引 / 補充資訊,請點按 Add Content,選出欲新增之類別:

■ Image:每項目只可上載一張圖片。按 Choose File 上載即可;

■ Text Block:文字資訊,如:詞語、句子、段落或網址等純文字,亦可設定字型,可用作標題及分段之用;

■ Whiteboard:畫版,工作員在畫板上隨意繪圖、上載圖片或在圖片上繪圖,而參加者則無法編輯;

■ Video:工作員只能插入 YouTube 影片。

4. 如欲新增問題,請點按 Add Question,並選出所需題型,然後在「Type your question here …」欄位輸入問題。免費版提供四種題型:

■ Multiple Choice:單選題,參加者在眾多選項中只可選取一個答案。根據過往經驗,選項達 20 個也不成問題,可設定正確答案;

■ Multiple Selection:多選題,參加者在眾多選項中選取多於一個答案。設定方法同上;

■ True/False:是非題,選項只有 True 和 False 兩項,二擇其一。工作員必須設定正確答案,在下方的鎖匙符號會顯示;

■ Short Answer:短答題,回答內容可為詞語及短句。工作員可點按下方的 Type a correct answer here,在展開的欄位中輸入建議答案;

■ Essay:長答題,回答長句子或段落,設置方式同上;

■ Show Your Work:回答欄為一塊畫板,可上載即時拍攝或裝置圖庫的圖片、繪圖或在相片上繪圖,這功能能可發揮個人創意或照顧個別學習差異(如:讀寫障礙)。製作題目時,工作員可點按 Edit background,以預先上載底圖或

繪圖（如：SWOT 圖片），再按 Done 便告完成。在戶外考察，工作員可善用此繪圖的功能，例如拍攝社區中要改善的設施，並邀請參加者在圖片上畫出改善的建議。

5. 系統預設了每條題目皆為計分，每條題目預設為 1 分，分數顯示在各問題右上角的 pt 。如欲修改分數，請按 pt 旁的數字修改。系統會自動為具標準答案的項目加分，而沒有標準答案的則留待工作員自行評分。若未有為選擇題指定正確答案時，系統則不作評分；

6. 如欲上載電子文檔，請點按 Upload & Transform，系統容許在現存電子文件檔案上加入問題，如可上載一份 pdf 或 doc 格式的工作紙，並在該份工作紙上建立問題，省卻把文檔逐項輸入 Formative 的時間。頁數上限為五頁。設置步驟如下：

■ 新增檔案時，按 Choose File，請在視窗中選取所需檔案上載，並按 開啟

■ 在檔案範圍內可隨時點按不同位置附加問題，步驟與上述無異

■ 上方的數字代表該題目編號；如欲編輯或刪除某項目，點按數字再按垃圾桶即可

7. 如欲變更次序，請點按該項目左上角的 四條橫桿，再移動至適當位置；如欲刪除項目，請點按 🗑 ；

8. 若想預覽 Formative 工作紙，請選取頁頂的 Preview，便可看見發佈後公開的模樣。當預覽完畢，如不作修改即可登出；如欲再編輯工作紙，在 Dashboard 選取有關任務即可；

9. 工作員也可用資料夾把同一次考察的幾張工作紙分門別類。

注意事項：

● Formative 有時要較長時間下載工作紙及上載數據，工作員在設置時都要耐心等候。工作紙中的圖片、影片或文件數量適可而止，以免拖慢整體上下載的速度；

● Formative 是一個以英語為主的系統，雖可直接輸入中文內容，惟系統並未能辨識多種中文字型，建議盡量自行輸入文字。若要直接從文件複製並貼上，建議先把字型變成新細明體，並於預覽頁面中確保文字不會亂碼；

● 工作員可按考察景點順序設定題目。

B. 講解階段

1. Formative 有數種發佈方式，在有 Google Classroom 的學校中，可選 Class，而在中心或社區等場景，建議用 Guest Students，可提供連接碼（Join Code）或分享連結（Get a Link），建議可把 Get a Link 的連結變成 QR 碼發佈予參加者；

2. 參加者進入 ☝GoFormative.com，在頁面左上角「Join Code」位置並輸入連接碼

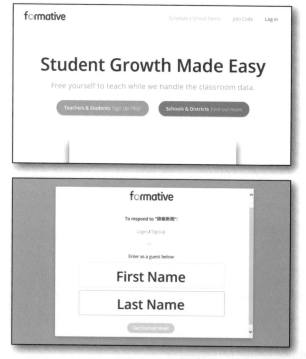

3. 一般的考察下，建議參加者以訪客而非登入的模式進入，在 Enter as a guest below 中輸入姓氏和名字，再點按 Get Started Now!。如欲把評分和評語傳回該參加者的電郵，則可要求他們自行準備 Gmail 帳戶以方便登入；

4. 特別提示 Show Your Work 的題目中，參加者可善用「畫板」右方的工具選單，當中可介紹顏色、粗幼、畫曲線、直線、圖形、文字、上載圖片、橡皮擦、復原等功能；

5. 完成任務後，在頁面最底按 Submit，提交答案，即使未完成所有題目也能提交。

注意事項：

● 若在戶外用流動裝置考察，建議使用畫面較大的平板電腦，不必時常放大縮小或移動版面來閱讀整張工作紙；

● 因參加者每完成一條題目，其回應便即時上載至 Formative 系統，故其裝置須全程上網，否則會無法記錄或彈出提示的視窗，工作員宜準備後備的 Wifi 蛋。

C. 反思階段

1. 若要觀看回應，請在 Dashboard 內點按欲觀看的任務，在頁頂點按 view responses。在考察過程中，可觀看 Totals 來監察各參加者在每一題的作答進度；

2. 參加者的活動成果可即時上載至同一平台，開始反思時，可把題目逐條或個別地打開，並投影出來，以進一步推動參加者分享及分析學習經驗；

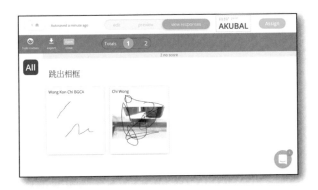

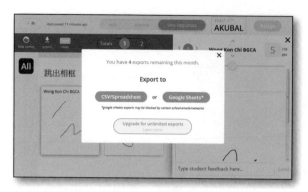

3. 如要保存參加者的學習數據，請按頁面左上方的 Export，下載 Excel 檔案，內有各參加者之作答內容及得分，如有需要，可擷取螢幕來儲存多媒體回應；

4. 為免有參加者介意被他人看見得分，建議按左上角的 hide names 隱藏參加者姓名。

D. 其他應用時機

● **總結評鑑：**Formative 的計分及匯出報告功能，方便工作員評分及檢討學與教的成效。工作員可於 view responses 中點按答案方格，右方會展示彩色的評分滑動條，紅色代表愈低分，黃色代表中等分數，綠色代表愈高分；

● **家課習作：**與用紙筆作答比較，青少年對使用電子工具更感興趣，加上容許多媒體回應，能讓不擅組織及書寫文句的學障學童順利完成習作，有助增強完成家課的動力，而且系統準確記錄繳交時間，方便工作員跟進。

5.4 Ramblr（覽步樂）

A. 準備階段

注意事項：

● 如想更容易管理參加者的旅程，可考慮開立同一個帳戶，容許所有參加者登入；

● 在戶外沒有 Wifi 的環境下也可作記錄，不過使用手機或可插 Sim 卡的 Cellular 平板，在有足夠的 Wifi 或流動數據下，是可讓 GPS 定位更精準，但也會令裝置耗電更快，請預先充滿電量或帶備外置充電器應付；

設置教學影片：　支援網站：

B. 講解階段

1. Web App 版限制較多，使用 Android 或 iOS 程式才能在旅途中實時利用 GPS 定位上載多媒體數據，因此建議參加者在自己的裝置上安裝程式：

itun.es/i67t9v8	goo.gl/RE9s21
iOS	Andriod

2. 參加者打開程式，按 Login ，建議參加者按 Sign in with google 建立帳戶，利用 Gmail 帳號註冊；

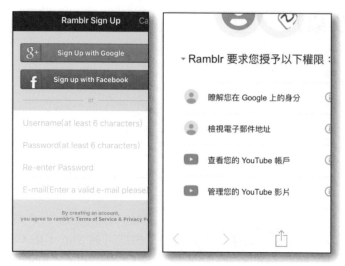

3. 設定允許裝置存取權限（包括：GPS 定位、相機、相片、咪高風）

4. 按 Done 完成 Create my profile，並進入附有地圖的版面

5. 按 Start Tracking ，如看見紅色箭頭在地圖上出現，代表成功用 GPS 定位，可隨時隨地以多媒體的形式上載旅程中的第一手資料，例如：運用不同感官與社區人士互動或訪問：

● **相機／攝錄機：**拍攝時把裝置垂直，可按 Retake 重新拍攝，按 Use Photo/Video 儲存

● 錄音：按咪高風按鈕錄音，按 Cancel 取消或 Save 儲存

6. 如要暫停記錄旅程，點按 Slide to Pause，再點按 Resume Tracking 按鈕繼續記錄行程，未上載旅程至網站前，可隨意修改多媒體數據；

7. 完成旅程請點按 Finish Tracking，再按 Do it Later 或按 Discard 刪除現有的旅程；

注意事項：

● 如進行與城市規劃主題有關的考察時，可按左方**齒輪按鈕**，點按 Google Maps 的 Road 作底圖，會更清晰。工作員可因應考察的主題調整，例如進行地理考察時，可選用 Terrain 或 Apple Maps 的 Satellite 以顯示地形，而關於單車友善的主題，可選用 Bike 以顯示單車徑。

● 帶領時，工作員宜請參加者預先規劃行程，並按地圖左下方的**齒輪按鈕**進入 Manage Offline Map 下載 New Map 的離線地圖。

● 因 GPS 需重新定位，旅途中宜留在應用程式的版面。

B. 反思階段

1. 按**鉛筆按鈕**，更改 Title 和 Description 為所屬組名及組員名；

2. 集合後，全體參加者才用 Wifi 把整個旅程上載，步驟如下：

i. 按下方 Me >View My Archive >trip ，找出所屬的旅程，並按 Upload Now ；

ii. 在 Activity 輸入活動類型，並把旅程難度評分；

iii. 在 Visibility Setting 選擇 Secret 不公開其旅程，然後按 Upload ；

iv. 工作員可在 Ramblr 網站（☝ramblr.com） 內看到不同參加者的旅程，並進行討論。

3. 參加者把考察的過程和成果上載至同一平台，進行討論和反思，隨後邀請他們詳細分享，深化學習經歷。

C. 其他應用時機

- **家課習作 / 專題研習**：這程式沒有題目限制及收集數據的數量，參加者熟習運作後，可鼓勵他們自主學習，分組自行建立帳戶、考察社區並搜集數據，把相片另存成 jpeg，或把影片複製成 YouTube 連結，存取整個旅程的數據，隨時分享在社區中的發現，進行研習，並協助他們分析議題和構思建議。

5.5 SeeSaw

此工具適用於分組前往不同街道進行開放式及非結構化的觀察，不設上載限額。

A. 準備階段

設置步驟

1. 到 ⌂app.seesaw.me，按 I'm a teacher，用 Google 帳戶登入

2. 按左上角的頭像，點按 + Create New Class ，輸入考察名稱便成

3. 點按右上角的 工具 按鈕，關掉：New items require approval 和 Enable item editing，另改 Show add to folder step 改選為 Students and Teachers

4. 在右欄點按 Add Students!，然後把參加者分組後的考察目的地（如地區或街道）輸入

5. 點按 Class Journal 旁的 □ 按鈕，再按 Manage Folders，再按 + Create New Folders!，把考察的任務（如：觀察的題目）輸入

B. 講解階段

1. 打開 SeeSaw 應用程式，按 I'm a Student

2. 輸入指定的 Text Code / QR 碼，以進入開設的 Class

3. 在「Tap Your Name」中選出負責考察的街道，作為登入身份

4. 拍攝時，按 + Add Item，選用 Photo 或 Video

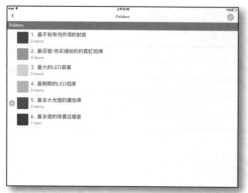 

5. 按 ✔ 上載後，點按 Folders（工作員預設的任務／題目）再存檔即可展示

C. 反思階段

1. 完成考察後，提醒參加者檢查所有上載的數據已準確地放在所屬的 Folder 中；

2. 工作員可以組別為基礎，點按 Student 的名稱來展示該組搜集得來的數據；

3. 工作員亦可以 Folder（如：題目／任務）為基礎，點按 Folder 的名稱展示該組
   搜集得來的數據；

4. 因應展示的成果，引導各組分享反思、延伸討論及互相提問，亦可善用當中的
   Like 和 Comment 的功能。

5.6 應用程式功能及優劣比較表

程式名稱	iPhone	iPad	And 手機	And Tab	Web App	進展	總結成果	儲存成果	工作員	參加者	人數	MC 文字	繪畫	拍照	錄音	影片	地圖	其他獨有功能	其他限制
	參加者裝置硬件／系統					**評估**			**用戶登入**			**處理媒介／功能**							
Google 地圖	✓	*	✓	*	✓	✓	✓	✓			~40			✓			✓		須用網頁登入
Google 表格					✓	✓	✓	✓			N	✓		✓		✓		MC Grid、單選圖	
Formative					✓	✓	✓	✓	✓	✓	N	✓	✓	✓	✓	✓		圖上畫、在 pdf 工作紙上加題目	
Ramblr							✓	✓	✓	✓	N	✓		✓	✓	✓		GPS	參加者須登入
Eduventure^	*	*	✓	✓	✓	✓	✓	✓	✓	✓	N	✓	✓	✓	✓	✓	✓	Mindmap、單選圖	學校可免費開戶
SeeSaw	✓	✓	✓	✓	✓	✓	✓	✓	✓	✓	N	✓	✓	✓	✓	✓		繪圖錄旁白	詳見第一冊
Padlet	✓	✓	✓	✓	✓	✓	✓	✓	✓	✓	N	✓	✓	✓	✓	✓		移動	詳見第一冊

（其他限制欄附註：對比類似程式）

註：　* 較推薦

^ 因學校才可有免費帳戶，社福機構使用須付費，因此本書的活動沒有使用，但因有類似功能，仍放在表中供比較及參考。

實務篇 18區電子社區考察路線

F1 中西區：交通與可步行城市

▶設計理念及背景

2017 年 6 月，運輸及房屋局公布《公共交通策略研究》報告，鼓勵市民使用公共交通服務並且「以步當車」，期望減少使用私家車，進一步紓緩路面擠塞以及改善空氣質素，令香港達到可持續發展。因此，教材以考察中環繁忙道路為本，探討「交通擠塞」的成因及其對居民生活素質帶來的影響。《香港氣候行動藍圖 2030+》更以「易行」、單車及輕軌鐵路等低碳公共交通工具，作為應對氣候變化的策略之一。

香港電車的特點是班次頻密、票價便宜及不會排放廢氣，並發揮重要的輔助功能，故政府已預留約 2,000 萬元，在 2017-2020 年，資助電車設施現代化。因此，考察亦會延伸至探討電車的使用情況，作為紓緩交通擠塞的方向之一。

考察帶出交通基建發展對香港作為「全球城市」起怎樣的作用。參加者將參考「香港好・易行」及外國的易行城市指標，親身評估中環區的行人設施，探討其與交通擠塞及可持續發展的關係。

資料來源：節錄自《公共交通策略研究》研究報告 2017、《香港氣候行動藍圖 2030+》

▶學習目標

情境知識概念： #城市競爭力／軟實力　　#空氣污染　　#健康城市　　#易行城市
　　　　　　　　　#全球城市指數　　　#交通發達　　#城市地標　　#宜居城市

世界公民議題： 知識（K）——可持續發展
　　　　　　　　價值（A）——同感共情、負責任
　　　　　　　　技巧（S）——共同合作、行動策劃

相關學校課程： 通識教育——單元 2 今日香港：生活素質、單元 6 能源、科技與環境
　　　　　　　　生活與社會——M27 全球城市
　　　　　　　　常識——（小三）健康的生活：環保生活、生活在香港：生活所需
　　　　　　　　　　　（小五）大地寶庫：空氣

▶ 建議程序

階段	時間	地點	Wifi	程序	附件	教學策略	工具
導入	15 分鐘	中心 / 學校	政府	R13. 猜猜 Emoji	1.1	討論	Padlet
	15 分鐘			空氣質素知多少	1.1	分析	Google 地圖
	10 分鐘			講解考察	1.2		
考察	20 分鐘	德輔道中 / 皇后大道中近中環街市	自備	F1.3 車龍大解構	1.3	觀察	Google 表格
	30 分鐘		自備	F1.4 道路障礙物	1.4	觀察	Google 表格
	30 分鐘		自備	F1.5 街訪民調	1.5	訪問	Google 表格
	45 分鐘	中環至半山扶手電梯	自備	F1.6 易行城市路路通	1.6	觀察	Google 表格
	45 分鐘	電車（中環至金鐘）	自備	F.1.7 叮叮與道路	1.7	觀察	Google 表格
反思	45 分鐘	中心 / 學校	政府	回顧 Google 表格回應	1.8	討論 / 分析	Google 表格
	20 分鐘			VR 體驗（見第三冊）	冊三	觀察	VR
行動	兩星期	N/A	N/A	1.9.1 電子道路收費	1.9	研習	指引
				1.9.2 易行新設計	1.9	服務學習	Youtube VR 指引

▶ 變奏

● 其他評估易行的考察地點：

  ■ 尖沙咀至尖東地下行人通道及栢麗購物大道

  ■ 旺角行人專用區及旺角站至旺角東站天橋

  ■ 荃灣站至愉景新城及荃新天地

  ■ 西營盤正街自動扶梯連接系統

● 其他評估電車 / 輕軌系統及交通擠塞的地點：

  ■ 屯門、元朗及天水圍的輕鐵系統，並結合單車友善的設施

● 備課活動，可讓參加者在活動前先進行問答遊戲，以認識電子道路收費：🖱goo.gl/Jw2Zwo

▶ 參考資料

📄 運輸及房屋局：《公共交通策略研究》2017 　　　　　🖱goo.gl/HN6Nqu

📄 《蘋果日報》：警重兵嚴打違泊　中環變暢順 　　　　🖱goo.gl/eMMi5d

📄 《香港經濟日報》：中上環邊度最塞車　急步行快過搭車？ 🖱goo.gl/oR6yge

📄 香港電台通識網：香港路路暢通？ 　　　　　　　　　🖱goo.gl/7eKm92

📹 香港地球之友：中環擠塞及污染情況調查 　　　　　　🖱goo.gl/WLpZoh

📹 《視點 31》消滅電車 vs 電車專用區 　　　　　　　　🖱goo.gl/RiLMeg

F1.1 導入帶領指引

時間	程序 / 形式 / 科技	反思提問	學習要點 / 目標	準備
10 分鐘	**R13. 猜猜 Emoji** 下載 Emojily 程式，製作一個 Emoji，代表你遇到交通擠塞的感受，再上載至 Padlet。	☼ 理解：遇到交通擠塞時，你會有何感受？對你的生活有何影響？	帶出交通擠塞的影響，反思生活質素和社會現象	Emojily Padlet 牆 1 個
20 分鐘	**空氣質素知多少** 找出以下資料，記錄在下表 1. 開啟 Google 地圖「即時路況」功能觀察交通，記錄深紅色（代表嚴重擠塞）及綠色（代表暢通無阻）的主要道路； 2. 在 HK AQHI 程式中找尋一般及路邊的「空氣質素健康指數」數據。	☼ 回憶：哪一區是交通擠塞的重災區？ ☼ 分析：各區的路邊空氣污染指數偏高與交通狀況有甚麼關連？	找出交通擠塞和空氣污染的成因，引導參加者找出解決建議 （包括鼓勵乘搭公共交通工具）	Google 地圖「即時路況」HK AQHI 應用程式
10 分鐘	**講解考察** 工作員派發地圖及任務指引，講解考察安排。			1.2 地圖

⇩ HK AQHI：應用程式實時發佈政府環境保護署的 13 個一般和 3 個路邊空氣質素監測站所錄得的空氣質素健康指數（AQHI）。

空氣質素
健康指數

Android

iOS

附表：

道路名稱	就近的監測站位置	空氣質素健康指數	健康風險水平
1.			
2.			
3.			

F1.2 考察地圖

掃描以下 QR 碼,再用 Google 地圖打開,用導航功能找出以下地點:

地圖資料 ©2017 Google

圖例: —— 行人天橋(綠線) 🚃電車站

規則:

1. 全組共同進退及注意安全;

2. 請按指定時間:_____,返回集合地點。

F1.3 車龍大解構

組員請到指定天橋觀察交通實況，並分工用自己的手機完成以下的任務，然後把數據上載至 Google 表格。

📍（1）恒生銀行總行至中環街市的天橋——觀察德輔道中（📍goo.gl/sozp1L）

（2）中環街市至閣麟街的天橋——觀察皇后大道中、域多利皇后街（📍goo.gl/6rr7Eh）

1.3.1 行車數目和車輛類型觀察

請用 5 分鐘完成以下的觀察，直至看不到車龍

任務	社區觀察手法	Google 題型
1. 拍下同一方向車龍較長的道路	👁 睇（眼）	File Upload
2. 道路上最多的公共交通工具類型 ○巴士　　○小巴　　○的士　　○電車	🔢 數	Multiple Choice
3. 道路上最多的個人或商用車輛 ○貨車　　○旅遊巴　　○私家車	🔢 數	Multiple Choice
4. 行車路段設計有沒有以下的東西？ □直路　　　□彎路入內街　　□行車線合併路段 □道路維修　□交通燈　　　□其他：＿＿＿＿	👁 睇（眼）	Checkboxes

1.3.2 交通擠塞從何而來？

任務	社區觀察手法	Google 題型
1. 車流量最不暢通的行車線 ○行人路旁的行車線　　　○中線 ○最右的電車軌線或快線	👁 睇（眼）	Multiple Choice
2. 道路前往的目的地 / 方向	👁 睇（眼）	Short Answer
3. 交通燈＿＿＿＿＿個	👁 睇（眼）	Short Answer
4. 交通擠塞的原因 □車輛停靠　　□道路設計　　□交通意外 □車多　　　　□其他：＿＿＿	👁 睇（眼）	Checkboxes

F1.4 道路障礙物

如在上述的地點觀察一條泊滿車輛（停靠多於 2 分鐘）的道路，用 10 分鐘完成以下的觀察，把數據上載指定的 Google 表格

1.4.1 觀察路邊車輛停泊的實況

任務	社區觀察手法	Google 題型
1. 看看路面有沒有以下標示 ☐　　　☐　　　☐	👁 睇（眼）	Checkboxes
2. 拍一張照片以示導致擠塞的情況	👁 睇（眼）	File Upload
3. 整條道路合共有多少條行車線 ○ 1　○ 2　○ 3　○ 4　○ 5　○ 6	📊 數	Linear Scale
4. 停泊的車輛佔用了多少條行車線？ ○ 1　○ 2　○ 3　○ 4　○ 5　○ 6	📊 數	Linear Scale
5. 停泊車輛的數目 　　　　　　　　1　2　3　4　5　6　7　8　9　10+ 私家車（有司機）○ ○ ○ ○ ○ ○ ○ ○ ○ ○ 私家車（無司機）○ ○ ○ ○ ○ ○ ○ ○ ○ ○ 客 / 貨車（有司機）○ ○ ○ ○ ○ ○ ○ ○ ○ ○ 客 / 貨車（無司機）○ ○ ○ ○ ○ ○ ○ ○ ○ ○ 的　士（有司機）○ ○ ○ ○ ○ ○ ○ ○ ○ ○ 的　士（無司機）○ ○ ○ ○ ○ ○ ○ ○ ○ ○	📊 數	Multiple Choice Grid
6. 停泊車輛的車窗上有否看到告票 ○ 有　　　○ 沒有	👁 睇（眼）	Multiple Choice

1.4.2 道路上行駛中的車輛

任務	社區觀察手法	Google 題型
1. 行駛中的車輛有否因車輛停泊而需切線 / 慢駛？ ○ 有　　　○ 沒有	👁 睇（眼）	Multiple Choice
2. 總括而言，現時交通有多暢通？ ○ 1　○ 2　○ 3　○ 4　○ 5 非常暢通	評鑑式觀察	Linear Scale

如在 F1.3 的地點沒有泊滿車輛，可轉到以下地點觀察：

（1）環球大廈與遮打大廈的天橋 📍 goo.gl/MJ5Q2R

（2）太子大廈與香港文華東方酒店的天橋 📍 goo.gl/nVh87x

F1.5 街訪民調

分頭找 5-10 位居民進行訪問，了解交通擠塞對該區居民生活的影響

身份：　○司機　　　　　○行人路上的街坊

社區觀察手法：💬 問

問題	Google 題型
1. 你如何評價這區的交通擠塞情況？ ○1　○2　○3　○4　○5 非常擠塞	Linear Scale
2. 交通擠塞對你有何影響？ ○個人健康　　　　○居住環境 ○外出意欲　　　　○其他：＿＿＿＿	Multiple Choice
3. 你認為交通擠塞的原因是？	Short Answer
4. 你認為政府曾做過的紓緩交通擠塞措施有效嗎？	Multiple Choice Grid
5. 你有多贊成政府解決擠塞問題的新方法？	Multiple Choice Grid
6. 你認為以下哪類交通工具最不應優先使用道路？（最多選 3 個） □專營巴士（九巴、新巴、城巴等） □其他巴士（如旅遊巴、邨巴、校巴、穿梭巴士） □小巴 □的士 □私家車 □電單車 □貨車	Checkboxes
7. 你對紓緩交通擠塞有何其他建議？	Short Answer

第 4 題：

	沒留意	很沒效	頗沒效	頗有效	很有效
加強打擊及提高違例泊車罰則	○	○	○	○	○
重組巴士路線	○	○	○	○	○
擴展鐵路網絡	○	○	○	○	○
改善行人道路	○	○	○	○	○
調整交通燈號	○	○	○	○	○
向公眾發放資訊	○	○	○	○	○
增收延長道路工程准許證費用	○	○	○	○	○

第 5 題：

	很贊成	頗贊成	頗反對	很反對
加強執法	○	○	○	○
縮短泊車時間	○	○	○	○
咪錶加價	○	○	○	○
興建地庫停車場	○	○	○	○
電子道路收費	○	○	○	○
在市區增設單車徑	○	○	○	○

參考資料：🖱goo.gl/1wbz26

F1.6 易行城市路路通

📍 從中環街市出發，嘗試利用中環至半山自動扶手電梯系統步行前往奧卑利街警署，再沿行人路經砵甸乍街回到中環街市，一位參加者作以下記錄，其他參加者可拍下過程中的特別觀察：

○ 中環至半山自動扶手電梯系統

○ 砵甸乍街

易行指標 *		評分準則 / 其他觀察	評分					備註
			1	2	3	4	5	
行得通	暢通無阻	橫過馬路 / 上天橋 / 落隧道	○	○	○	○	○	社區觀察手法： 👁 睇（眼）、 評鑑性觀察
	闊度	容納人數 / 人流分流	○	○	○	○	○	
	無障礙	方便行動不便人士	○	○	○	○	○	
行得醒	指示清晰	路牌 / 地圖指示	○	○	○	○	○	Google 題型： Multiple Choice Grid （5 分為最高分）
行得妥	路面安全	維修工程 / 隱藏陷阱	○	○	○	○	○	
	人身安全	罪案 / 治安	○	○	○	○	○	
	交通安全	車輛數目及車速	○	○	○	○	○	
行得爽	潔淨程度	清潔舒適 / 沒有垃圾	○	○	○	○	○	
	吸引力	綠色植物 / 休憩椅子	○	○	○	○	○	

* 參考及改寫自英國易行城市評分網站中的指標（🔗ratemystreet.co.uk/）以及 2017 年的《施政報告》中「香港好‧易行」的框架

📂 考察發現

德輔道中的交通擠塞多由違泊及巴士造成

鼓勵市民步行的海報

F1.7 叮叮與道路

1.7.1 車廂觀察

早前有學者建議取消由中環租庇利街至金鐘港鐵站（📍goo.gl/39r9Gz）的電車路段，我們現在試乘，上車前分配一人一題作以下的觀察記錄：

任務					社區觀察手法	Google 題型
1. 乘客的背景主要是：					⊞ 數	Multiple Choice Grid
	0-4	6-10	11-20	20+		
A. 遊客	○	○	○	○		
B. 長者	○	○	○	○		
C. 上班族	○	○	○	○		
D. 家務料理者	○	○	○	○		
E. 學生	○	○	○	○		
2. 數算各車站上客人數：					⊞ 數	Multiple Choice Grid
	0-4	5-10	11-20	20+		
25E 租庇利街	○	○	○	○		
27E 畢打街	○	○	○	○		
29E 雪廠街	○	○	○	○		
31E 銀行街	○	○	○	○		
33E 美利道 / 紅棉道	○	○	○	○		
3. 除因上落客停站外，電車停下的原因：					⊞ 數	Multiple Choice Grid
	1	2	3	4	5+	
A. 交通燈	○	○	○	○	○	
B. 修路	○	○	○	○	○	
C. 塞車	○	○	○	○	○	
D. 車輛進入電車線	○	○	○	○	○	
E. 行人違法過路	○	○	○	○	○	
F. 其他	○	○	○	○	○	
4. 訪問 10 位乘客，了解他們選乘電車的原因（可選多個）：					💬 問	Checkboxes Grid
	1	2	3	4	5+	
A. 車費便宜	☐	☐	☐	☐	☐	
B. 方便代步	☐	☐	☐	☐	☐	
C. 享受沿途風光	☐	☐	☐	☐	☐	
D. 其他	☐	☐	☐	☐	☐	

1.7.2 下車後在電車站等候 10 班車作觀察

任務	社區觀察手法	Google 題型
1. 總上客人次	☑ 數	Short Answer
2. 總落客人次	☑ 數	Short Answer
3. 計算平均班次分別相隔多少分鐘： ○ 1 ○ 2 ○ 3 ○ 4 ○ 5 ○ 6 ○ 7 ○ 8 ○ 9 ○ 10+	☑ 數	Multiple Choice

F1.8 反思帶領指引

時間	程序 / 形式 / 科技	反思提問	學習要點 / 目標	準備
15 分鐘	**車龍大解構、道路障礙物** 展示兩份 Google 表格的摘要圖表及交通情況照片，分析引起交通擠塞的成因（如：車輛數目、道路設計、違泊）。	↻ 回憶：哪類車輛佔用最大部份的路面？ ↻ 理解：停泊路面的車輛如何影響交通？ ↻ 分析：導致交通擠塞的主要原因是甚麼？ ↻ 評鑑：交通擠塞如何影響跨國人員來港工作或投資的意欲？ ↻ 創造：政府 / 市民在解決擠塞上各要做甚麼？道路又應如何設計？	# 交通發達 # 宜居城市 # 空氣污染 # 健康城市 # 全球城市指數 同感共情 行動策劃	- 投影 Google 表格的回覆摘要版面
10 分鐘	**街訪民調** 展示 Google 表格的摘要圖表，分析交通管制措施的成效，綜合不同持份者對紓緩交通擠塞的建議。	↻ 理解：哪一受訪者令你留下深刻印象？ ↻ 分析：路線規劃如何阻礙道路 / 不同的人？ ↻ 評鑑：政府紓緩交通擠塞的措施有多大成效？ ↻ 創造：他們對紓緩交通擠塞有何建議？	# 健康城市 # 全球城市指數 共同合作 負責任	同上
10 分鐘	**易行城市路路通** 審視行人設施的效益，及其對改善生活質素及交通暢達的關係，並討論建議改善方案	↻ 評鑑：對行人道有何主要評價 / 意見？ ↻ 分析：易行的道路有何優勝之處？（社區營造 / 生活質素 / 交通規劃？） ↻ 應用：成功的行人設施有何吸引行人使用的元素？	#城市競爭力 # 軟實力 # 城市地標 可持續發展	同上
10 分鐘	**叮叮與道路** 利用綜合統計表收集各車站數據，從電車的使用情況分析擠塞的原因以及甚麼因素影響乘客乘坐電車的意欲	↻ 回憶：最常令電車停頓的情況是甚麼？ ↻ 分析：這路段主要服務誰？乘客為何會選乘電車？ ↻ 應用：在交通中電車比汽車有哪些作用 / 優勢？哪類車應有使用道路優先權？ ↻ 評鑑：你對學者建議取消這電車路段有多贊同？為甚麼？	# 城市競爭力 # 軟實力 可持續發展	同上

F1.9 在地行動點子

1.9.1 專題研習及政策倡議：電子道路收費

邀請組員研習運輸及房屋局在 2016 年進行的電子道路收費諮詢文件及報告（goo.gl/jYFrFu），並製作問卷，就收費區的範圍、收費機制、時段、水平、豁免及優惠的車輛等方面，訪問不同持份者的意見：路人、私家車主、的士及貨車司機等，並在政府推出政策前，向有關部門及區議員提出可行的建議方案。

1.9.2 政策倡議：易行新設計

先用 VR 觀看首爾車站至南大門的 Seoullo 7017 行人天橋

如果讓你重新設計一條通道（中環或你附近社區），你有何建議？請畫在下圖：

請為自己的設計評分（請填色）：

行得通		行得妥		行得爽		行得醒	
暢通無阻	☆☆☆☆☆	路面安全	☆☆☆☆☆	潔淨程度	☆☆☆☆☆	指示清晰	☆☆☆☆☆
闊度	☆☆☆☆☆	人身安全	☆☆☆☆☆	吸引力	☆☆☆☆☆		
無障礙	☆☆☆☆☆	交通安全	☆☆☆☆☆				

F2　灣仔區：印傭新地帶

鳴謝：保良局李城璧中學通識教育組老師提供意見

▶ 設計理念及背景

1970 年代，菲律賓面臨經濟困境，當時的政府修改勞工法，開始大力鼓勵國民到海外工作，以求降低菲律賓的失業率。適逢 1980 年代香港經濟起飛，不少原為家務料理者的女性也投身勞動市場，很多家庭於是聘用外籍家庭傭工（下稱：「外傭」）處理家務。1990 年，印尼和泰國政府也修改勞工法，輸出傭工到香港。

2016 年，香港共有 351,513 名外傭，佔香港人口達 3%，當中絕大部份是女性。其中，53% 來自菲律賓，44% 來自印尼，7% 來自泰國。法例規定外傭最低工資為 $4,310，並須與僱主同住，由僱主提供免費膳食或支付每月最少 $1,037 的膳食津貼。

全球化的其中一個重要趨勢，就是勞動力的四處流動，在香港家裏看到遠自東南亞的傭工，正正就是「國際人口移動」的例子。趙永佳、李子樂（2006）的調查發現，本港的外籍傭工仍然面對著如中介公司抽佣偏高、僱主違規、虐打，甚至性侵犯等問題。2001 年，香港政府統計處發表的《對聘請家庭傭工的意見》中探討了僱主的要求，首三項都是家務，包括：打掃清潔、烹飪、照顧兒童等，可見外傭和僱主生活質素的優劣存在互動的關係。

由於現時不少青少年的家中都僱有外傭，因此導入時會從這些生活經驗出發。大多數的外傭都是在星期日休假，其中菲傭主要會到中環一帶聚集，印傭則主要會到銅鑼灣一帶聚集，而印尼領事館也坐落在該處附近，於是形成一個另類的小社區。本條路線會集中考察星期日有大量印傭聚集的糖街至維園一帶，了解他們的生活、文化以及工作的心聲。

資料來源：政府統計處——外籍家庭傭工數目、對聘請家庭傭工的意見、趙永佳《全球化 360》

▶ 學習目標

情境知識概念：#生活 / 飲食文化　　#宗教信仰　　#少數族裔　　#全球城市
　　　　　　　　#文化差異　　　　#外籍傭工　　#國際人口流動

世界公民議題：知識（K）——社會公義：人權 / 自由、尊重差異：種族及文化
　　　　　　　　價值（A）——接納、團結、尊重
　　　　　　　　技巧（S）——共同合作、跨文化理解、溝通技巧

相關學校課程：通識教育——單元 1 個人成長與人際關係、單元 2 今日香港、單元 4 全球化
　　　　　　　　生活與社會——M9 寰宇一家、M20 經濟全球化、M27 全球城市
　　　　　　　　常識——（小三）生活在香港——香港是我家（多元文化）

▶ 建議程序

階段	時間	地點	Wifi	程序	附件	教學策略	工具
導入	10 分鐘	學校 / 中心	場內	R04. 民意調查	2.1	討論	PollEv
	20 分鐘			R19. 人形畫	2.1	討論	AWW
	10 分鐘			講解考察	2.2	/	/
考察	45 分鐘	糖街及銅鑼灣中心商場	Wifi 蛋	F2.3 衣食住行在糖街	2.3	觀察 訪問	Google 表格
	30 分鐘		Wifi 蛋	F2.4 服飾花生騷	2.4		
	45 分鐘	維多利亞公園	政府	F2.5 維園新地帶	2.5		
	30 分鐘		政府	F2.6 外傭訪問	2.6		
反思	20 分鐘	中央圖書館	政府	R31. 相片分類找主題	2.7	討論	Google 表格
	30 分鐘			R19. 人形畫		討論	AWW
行動	兩星期	N/A	N/A			服務學習	

▶ 變奏

● 其他類似地點：在中環環球大廈至遮打道一帶——認識菲傭、九龍城——認識泰傭
● 可聯絡工會協助導賞及訪問，例如：Progressive Labour Union of Domestic Workers in HK。

▶ 參考資料

☐ 入境事務處：外籍家庭傭工　　　　　　　🖐 goo.gl/4PVbMH
☐ 外傭與通識，載趙永佳《全球化 360》　🖐 goo.gl/YXaAnh
🖥 香港電台通識網：《鏗鏘集》家·傭之間　🖐 goo.gl/pkccFA
📖 蘇美智《住在家中的陌生人——外傭》

F2.1 導入帶領指引

時間	程序 / 形式 / 科技	反思提問	學習要點 / 目標	準備
10 分鐘	R04. 民意調查 1.〔MC〕有誰家中正僱用外傭？ 2.〔MC〕有誰家中曾僱用外傭？ 3.〔Q&A〕外傭在你的家中負責甚麼工作？(每人 3 票)	◖〉回憶：外傭在你的家中主要負責甚麼工作？ ◖〉分析：你猜你的家人為何要僱用外傭？	連結參加者對外傭的印象和生活經驗	設定 PollEv
20 分鐘	R19. 人形畫 參加者分組討論對外傭在衣食住行各方面的印象，並找代表記錄在 A Web Whiteboard 上。	◖〉理解：大家對外傭有何印象？ ◖〉應用：你認為外傭在香港生活有何感受？	引發參加者對外傭的印象及討論	AWW，以人形畫作底圖
10 分鐘	講解考察 派發地圖及任務指引，講解考察安排。	——	——	2.2 地圖

F2.2 考察地圖

掃描以下 QR 碼，再用 Google 地圖打開，用導航功能找出以下位置：

地圖資料 ©2017 Google

規則：

1. 全組共同進退及注意安全，特別是橫過馬路時；

2. 請依照指定時間：＿＿＿＿＿＿，返回集合地點；

3. 請尊重別國的宗教及文化；

4. 開始前，各組請先分配組員角色——觀察員、訪問員、記錄員（手持手機／平板）和帶路員均至少一名，途中可自行互換角色。

F2.3 衣食住行在糖街

📍 糖街及銅鑼灣中心商場

請嘗試找出以下事物。如有需要，可用 Google 翻譯印尼文。

2.3.1 手機通訊

任務	社區觀察手法	Google 題型
1. 拍下最抵用的智能電話型號	👁 睇（眼）	File Upload
2. 拍下最便宜的長途電話月費計劃	👁 睇（眼）	File Upload
3. 拍下最便宜的電話數據計劃	👁 睇（眼）	File Upload

2.3.2 金錢借貸

任務	社區觀察手法	Google 題型
1. 拍下最中式傳統的財務服務	👁 睇（眼）	File Upload
2. 拍下最廣為人知的財務服務	👁 睇（眼）	File Upload
3. 駐足上述其中一間當舖或財務公司門外 5 分鐘，數算有多少傭工出入	⊞ 數	Short Answer
4. 拍下收費最便宜運貨回印尼的物流公司	👁 睇（眼）	File Upload
5. 數算有多少僱傭或中介公司 ○1　○2　○3　○4　○5　○6	⊞ 數	Linear Scale

2.3.3 美容服飾

任務	社區觀察手法	Google 題型
1. 拍下最便宜的首飾	👁 睇（眼）	File Upload
2. 拍下最便宜的美容服務	👁 睇（眼）	File Upload
3. 拍下最便宜的剪髮服務	👁 睇（眼）	File Upload

2.3.4 食物

任務	社區觀察手法	Google 題型
1. 拍下最多不同語言的食店餐牌	👁 睇（眼）	File Upload
2. 數算這間食店主要服務甚麼的顧客 ○華裔　　○非華裔	⊞ 數	Multiple Choice
3. 找一種吸引你的印尼食品氣味，並拍下該食物	👃 睇（鼻）	File Upload
4. 在營多超市點算有多少款產自印尼的即食麵	⊞ 數	Short Answer
5. 在營多超市點算有多少清真認證標籤的零食	⊞ 數	Short Answer

F2.4 服飾花生騷

📍糖街及銅鑼灣中心商場

2.4.3 服飾大搜查 *

任務	社區觀察手法	Google 題型
1. 在糖街上觀察最少 10 位印尼女傭，看看其服飾有何共通點（如：色彩、圖案、長短等特色）	👁 睇（眼）	Short Answer
2. 你留意到她們的服飾和香港女性的有何較顯著的分別？	👁 睇（眼）	Short Answer
3. 在銅鑼灣中心商場內有多少店舖售賣這類服飾？ ○ 1　○ 2　○ 3　○ 4　○ 5　○ 6	🔢 數	Linear Scale
4. 按此標準去看看價錢牌，拍下最便宜的同類服飾	👁 睇（眼）	File Upload

* 為尊重信仰，建議只拍下服飾，盡量別拍到她們的面孔

2.4.2 服飾知多點

選出其中一間服飾店的店主或街上的印傭，了解其服飾的傳統及意義：

任務	社區觀察手法	Google 題型
1. 穿著時有何注意事項或禁忌？	💬 問	Short Answer
2. 為何這樣穿？背後有何宗教 / 文化意義？	💬 問	Short Answer
3. 在不同季節穿著的感受？	💬 問	Short Answer
4. 服飾為日常生活帶來甚麼限制或困難？	💬 問	Short Answer
5. 該國的年青人有多喜歡這衣著？ 非常不喜歡 ○ 1　○ 2　○ 3　○ 4　○ 5　○ 6 非常喜歡	💬 問	Linear Scale

🗂 考察發現

最便宜的智能電話

最多不同語言的食店餐牌

最便宜的剪髮服務

印尼服飾

F2.5 維園新地帶

📍 從維園外的電單車停車場沿足球場外圍步行至維多利亞銅像 （goo.gl/ddEz3c）

2.5.1 統計任務

任務	社區觀察手法	Google 題型
1. 粗略點算哪個性別的印傭較多？ 　○男性　　○女性	🗾 數	Multiple Choice
2. 他們多數有何活動？	👁 睇（眼）	Short Answer
3. 地攤數目 　　　　　　　 1　2　3　4　5　6　7　8　9　10+ 　售賣服飾　○○○○○○○○○○ 　售賣日用品　○○○○○○○○○○ 　售賣食物　○○○○○○○○○○	🗾 數	Multiple Choice Grid
4. 觀察其中一個地攤 5 分鐘，數算他們有多少顧客	🗾 數	Short Answer
5. 找出「嚴禁擺賣」的告示，最高罰則是？ 　○罰 3 萬 / 囚 1 年　　○罰 5 萬 / 囚 2 年　　○罰 8 萬 / 囚 3 年	👁 睇（眼）	Multiple Choice

2.5.2 民族歌舞表演秀

請找一組傭工，學習並跟他們一起跳舞（請尊重別國文化），並從訪問中了解不同族裔的文化。

任務	社區觀察手法	Google 題型
1. 取得對方同意後，拍下過程（或進行 Facebook 直播）	🖐 睇（手）	File Upload
2. 有何特色？(如：內容、動作、節奏、樂器)	👂 睇（耳）	Short Answer
3. 在甚麼節慶 / 時間進行？	💬 問	Short Answer
4. 起源：與甚麼歷史人物或事件有關？呈現的文化 / 宗教意義？	💬 問	Short Answer
5. 訪問她們跳 / 唱時的感受	💬 問	Short Answer

📂 考察發現

最中式傳統的財務服務

最廣為人知的財務服務

F2.6 外傭訪問

事先分工記下問題，用最自然的對答進行，適時及彈性回應對方的分享並作跟進提問。

2.6.1 基本資料

問題	Questions	Google 題型
1. 姓名	Name	Short Answer
2. 國籍	Nationality	Short Answer
3. 來港年份	When did you start staying in HK?	Date
4. 教育水平 ○小學　○中學　○大學 ○其他：__	Education level	Multiple Choice

2.6.2 深度訪談：來港前

問題	Questions	Google 題型
1. 你為何會選擇來香港工作？	Why did you choose to work in HK?	Short Answer
2. 來香港前你有何準備？	What have you prepared before coming?	Short Answer
3. 你有沒有到過其他國家做家傭？ 若有，是哪一個國家？	Have you ever worked in other countries as a domestic helper?	Short Answer
4. 若你能重新選擇，你會來港工作嗎？ 為甚麼？	Would you choose to work in HK if you could decide again? Why?	Short Answer

2.6.3 深度訪談：工作

問題	Questions	Google 題型
1. 你如何找到現在的僱主？	How did you reach your employer?	Short Answer
2. 你一天有何工作？	What are your daily duties?	Short Answer
3. 你如何形容自己和僱主家庭的關係？	How is your relationship with your employer's family?	Short Answer
4. 你最想跟僱主說些甚麼？	Any words you want to say to them?	Short Answer

2.6.4 深度訪談：家鄉 *

問題	Questions	Google 題型
1. 你的家族在哪？ 家鄉的經濟如何？	Where is your hometown? How is the economy there?	Short Answer
2. 來港前你做甚麼工作？	What is your job in your hometown?	Short Answer
3. 你如何聯絡家人？	How do you contact your family?	Short Answer
4. 家人對你來港工作有何看法？	What are their views on your work in HK?	Short Answer
5. 你多久回鄉一次？	How often do you go back home?	Short Answer
6. 你想念家人嗎？你最想和家人說甚麼？	Do you miss your family? Any words you want to say to them?	Short Answer

完成後，可與被訪者合照留念，並上載〔File Upload〕

* 如參加者家中也有傭工，也鼓勵他們回家再做一次訪問

F2.7 反思帶領指引

時間	程序 / 形式 / 科技	反思提問	學習要點 / 目標	準備
20 分鐘	**R31. 相片分類找主題** 回顧各組在 Google 表格內的相片回應，並播放影片，延伸討論及深化經驗。	**F2.3 衣食住行在糖街** ◌ 應用：一個超值的電話計劃，對外傭有何重要性？ ◌ 分析：當舖和財務公司對外傭來說性質是甚麼？ ◌ 理解：你留意到這兒的食店主要服務甚麼人？如何照顧其語言及宗教需要？ **F2.4 服飾花生騷、F2.5 維園新地帶** ◌ 理解：維園的印傭有何主要經濟活動？ ◌ 分析：為何有這些經濟活動？對買賣雙方有何好處？ ◌ 應用：他們的服飾 / 舞步反映甚麼的文化 / 宗教特色？	**# 生活 / 飲食文化** **# 宗教信仰** **# 少數族裔** **# 文化差異** 尊重差異 接納 跨文化理解	- 投影 Google 表格回覆摘要版面 - 音響來播放錄音
30 分鐘	**R19. 人形畫** 總結外傭訪問的要點，邀請參加者在人形畫上再寫下對他們的新印象。	◌ 理解：最令你觸動的分享是甚麼？ ◌ 應用：外傭在香港工作面對甚麼困難 / 挑戰？ ◌ 評鑑：外傭來香港這全球城市工作有何推力 / 拉力？你認為現時對他們工作的保障足夠嗎？ ◌ 創造：回家後，你會用甚麼態度和外傭相處？	**# 外籍傭工** **# 國際人口流動** 社會公義 尊重 共同合作 溝通技巧	- 把人形底畫上載至 A Web White-board

F2.8 在地行動點子

2.8.1 直接服務

● 把是次考察的感受、得著及感謝的説話寫在卡片上，送給家中的傭工；

● 與外傭工會合作，舉辦文化交流活動，互相認識對方的文化，並教導傭工日常生活用的廣東話及本地重要的社區設施，協助他們更適應在香港工作。

2.8.2 社區教育

● 了解外傭對僱主的期望，並用 A Web Whiteboard 畫一幅人形畫，展示良心僱主的特質以及他們應如何與外傭相處，放上社交平台。

▶ 設計理念及背景

在香港，《兒童權利公約》一直適用，政府決策時須考慮兒童的最佳利益。公約條文分四大範疇：

生存權——每個兒童均有生存及發展的權利。

發展權——兒童有受教育的權利，以充分發展其個性、才智和身心能力。

受保護權——兒童有權受到保護，遠離毒品，並免遭拐賣、經濟和性剝削。

參與權——兒童應有自由發表言論的權利，包括取得和分享各種信息和思想的自由。

要認識兒童權利的概念，固然可從了解世界各地兒童的處境出發。不過，本考察採用另一途徑——從參加者的生活經驗出發，親身去體會和思考兒童權利在香港是否得到保障。這條考察路線以參加者代入不同持份者的角色來經驗遊樂場的多元性和共融程度，並評估它們是否符合《兒童權利公約》的發展權和參與權。

康樂及文化事務署（下稱：康文署）轄下的 634 個兒童遊樂場，約 70% 設有共融設施，適合不同需要的兒童玩耍，從中發展體能、智力、觸感、視聽及社交等不同的技巧。康文署根據相關國際安全標準來設計及安裝遊樂設施。該署轄下的鰂魚涌公園都設有多元化的共融兒童遊樂設施，包括可讓輪椅登上的斜道，亦有為殘障兒童而設的鞦韆座椅、大型遊戲架、搖搖船、不同款式的敲擊及觸感玩樂板等，可容納 300 多名不同身心需要的兒童，與《兒童權利公約》中的「發展權」有關。

基於傷健共融的理念，署方承諾會因應個別場地的地形及現有設施的狀況，繼續添置新的共融設施，並諮詢相關團體及區議會的意見。現時兒童如要反映意見，只有投訴的渠道。署方早前收到的投訴主要為遊樂設施的安全、損壞及不足等。是次考察也會邀請參加者以用家的身份，探討兒童在香港遊樂場設計的參與度，從而反思他們是否能實踐《兒童權利公約》中的參與權。

康文署並沒有備存相關遊樂設施的使用率，據智樂兒童遊樂協會（Playright）於 2015 年在本港多個不同遊樂場以記錄觀察所得，暑期黃金時段竟然有 25% 的時間是沒有人使用，反映本地遊樂空間欠缺吸引力，未能滿足孩子的需求。這條考察路線從遊樂場設計著手，探討如何改善現有情況的可能性。

資料來源：節錄自 2016 年 12 月 7 日立法會文件、聯合國兒童基金會專頁、康樂及文化事務署（共融遊樂設施）、立法會新聞公報：遊樂場及遊樂設施

▶ 學習目標

情境知識概念： #兒童遊樂場　　#規劃與規管　　#和合設計 / 社區 / 城市　　#通用設計
　　　　　　　　#偏見 / 歧視　　#言論自由　　#兒童議會　　　　　　　#家庭友善

世界公民議題： 知識（K）——社會公義：人權 / 自由 / 平等、尊重差異：關懷弱勢社群
　　　　　　　　價值（A）——關愛、負責任
　　　　　　　　技巧（S）——行動策劃

相關學校課程： 通識教育——單元 2 今日香港：生活素質、社會政治參與
　　　　　　　　生活與社會——M21 公民權責：兒童權利、M23 維護核心價值：多元共融
　　　　　　　　常識——（小二）親親社區：到公園去；（小三）生活在香港：我們的社區生活

▶ 建議程序

階段	時間	地點	Wifi	程序	附件	教學策略	工具
導入	5 分鐘	中心 / 學校	中心 / 學校	R07. 字雲	3.1	歸納	Poll Ev
	5 分鐘			R04. 民意調查	3.1	討論	Poll Ev
	10 分鐘			R05. 排序看期望	3.1	討論	Poll Ev
	10 分鐘			講解考察	3.2		N/A
考察	60 分鐘	鰂魚涌公園兒童遊樂場	Gov Wifi	F3.3 遊樂場上的自身體驗	3.3	觀察	Facebook 印工作紙
	60 分鐘			F3.4 多元遊樂場的元素	3.4	觀察	Formative
	60 分鐘			F3.5 康樂與休憩	3.5	觀察	Formative
				F3.6 遊樂場的規管	3.6	訪問	Formative
反思	20 分鐘	鰂魚涌社區會堂（建議）	政府	R16. 畫出相框	3.7	討論	Facebook
	20 分鐘			R30. 相‧聯想	3.7	創作	Formative
	20 分鐘			R16. 畫出相框	3.7	討論	Formative
	20 分鐘			VR 體驗（見第三冊）	冊三	觀察	VR
行動	30 分鐘	N/A	N.A	最想改變的標示	3.8	研習	Formative

▶ 變奏

● 比較不同管理者的遊樂場，如：MTR 圓方平台遊樂場 /MOKO 新世紀廣場 L3 兒童樂園，或啟晴邨遊樂場 / 石籬邨遊樂場

● 比較不同遊樂場的特徵

分區	名稱	特徵
觀塘區	坪石邨公園遊樂場	多元化遊樂設施
九龍城區	東匯邨遊樂場	高難度繩網陣
大埔區	太和邨麥當勞遊樂場	高平台遊樂設施
	廣福邨遊樂場	舊式屋邨遊樂設施

● 考察不同時段，遊樂場的人流分佈會有變化（平日或假日下午 3 時後會有較多兒童）

▶ 參考資料

☐ 《端傳媒》：我要真遊樂場！ ⟶ 8⟳goo.gl/g8Pc97

☐ 《明報》：兒童樂土——原始遊樂設施 日本森林公園覓童真 ⟶ 8⟳goo.gl/bJsGwt

☐ 《明報》：孩子有 Say：聽聽小用家意見 ⟶ 8⟳goo.gl/zC8HAV

☐ 《明報》：優秀遊樂場設計元素 ⟶ 8⟳goo.gl/yqDcZ8

☐ 香港兒童權利委員會 ⟶ 88childrenrights.org.hk/

☐ 智樂：共融遊樂空間指引 ⟶ 8⟳goo.gl/ScaxzR

▰ 《新聞透視》今天兒童遊樂場設施 ⟶ 8⟳goo.gl/JA1ZQb

▰ 《視點 31》遊樂場：管理為本 vs 兒童為本 ⟶ 8⟳goo.gl/Gx2PaZ

F3.1 導入帶領指引

時間	程序 / 形式 / 科技	反思提問	學習要點 / 目標	準備
5 分鐘	**R07. 字雲** 〔Word Cloud〕一個吸引你一去再去的遊樂場具備甚麼元素？	❪❫ 回憶：一般兒童會去甚麼地方遊戲 / 玩樂？ ❪❫ 理解：此元素如何吸引你使用遊樂場？	把遊樂場連結至參加者的過往經驗	Poll Ev 問題
5 分鐘	**R04. 民意調查** 〔MC〕按《兒童權利公約》的定義，兒童的歲數是？ ○ 12 歲以下　○ 16 歲以下 ○ 18 歲以下　○ 21 歲以下			
15 分鐘	**R05. 排序看期望** 〔Rank Order〕請排序，遊樂場與哪些兒童權利最有關？ ≡ 生存權：飲食與醫療 ≡ 受保護權：免受長時間勞役、衝突、虐打等 ≡ 發展權：教育及娛樂 ≡ 參與權：發表己見	❪❫ 分析：遊樂場的設施 / 裝置有多能夠滿足不同需要的兒童玩樂、嬉戲和休憩？ ❪❫ 理解：遊樂場應適合哪些年齡的兒童及人士遊玩 / 休閒？ ❪❫ 應用：兒童遊樂場與兒童權利有何關連？	邀請參加者在考察中留意遊樂場的設施與兒童發展和參與權的關連	Poll Ev 問題
10 分鐘	**講解考察**	工作員派發地圖及任務指引，講解考察安排。		3.2 地圖

F3.2 考察地圖

掃描以下 QR 碼，再用 Google 地圖打開，用導航功能找出以下地點：

地圖資料 ©2017 Google

規則：

1. 場內範圍有限，注意場內使用者（特別是兒童）及自身的安全，拍攝前應先徵得他人同意或盡量避免兒童入鏡；

2. 全組共同進退，在限時完成各項任務，並按指定時間：＿＿＿＿＿＿＿＿，返回集合地點。

F3.3 遊樂場上的自身體驗

開始前，請分配不同組員用自己的手機完成以下的任務。

3.3.1 個人喜愛的設施

請進入指定的 Facebook 專頁 / 活動中，完成以下的觀察任務，並上載所得的觀察

任務	社區觀察手法	Facebook 上載
1. 拍攝一個最吸引你的玩樂設施 / 裝置（附加文字解釋原因）	👁 睇（眼）	Photo
2. 除吸引你外，現場所見還吸引哪些年齡層的使用者？ 3. 這個設施最適合多少人一起玩？	👁 睇（眼）	Add Comment
4. 錄影一個最有創意的玩法 （約 1 分鐘）	睇（手）	Videos / 直播 （Add Caption）

3.3.2 不吸引的設施

任務	社區觀察手法	Facebook 上載
1. 拍攝最少人用的設施	⊞ 數	Photo
2. 拍攝最不吸引你的遊樂場設施，並附加文字解釋	👁 睇（眼）	Photo
3. 若它不吸引你，會吸引哪些年齡層的使用者？	👁 睇（眼）	Comment

F3.4 多元遊樂場的元素

每組 4-6 人，全組扮演及代入以下人士，主要觀察及體驗遊樂場內的設施，並以此作為你在 Formative 中的任務：

○角色一： 使用輪椅的兒童（9 歲）

○角色二： 聽障兒童（6 歲）

○角色三： 視障兒童（14 歲）

○角色四： 推嬰兒車的家長及幼兒（3 歲）

任務	社區觀察手法	Formative 題型
1. 拍攝：最適合自己使用的遊樂設施 / 裝置 （附加文字 / 繪畫解釋）	👁 睇（眼）	Show Your Work
2. 拍攝：找一個因應你需要而設計的非遊樂設施 （附加文字 / 繪畫解釋）	👁 睇（眼）	Show Your Work
3. 拍攝：最難使用的遊樂設施 / 裝置	✋ 睇（手）	Show Your Work
4. 拍攝：一個能聚集 5 位與我有相同需要之使用者的地方	👁 睇（眼）	Show Your Work
5. 拍攝：最不便利自己通過的出入口	✋ 睇（手）	Show Your Work
6. 整體而言，你認為這個遊樂場能否配合你的身體需要？ （最低）　○ 1　○ 2　○ 3　○ 4　○ 5　（最高）	💬 問	Multiple Choice

F3.5 康樂與休憩

3.5.1 尋覓配套和休憩設施

每組 4-6 人，看看公園內有否以下的設施，並完成以下的觀察任務：

設施	社區觀察手法	Formative 題型
A. 洗手間 B. 飲水設施 C. 食肆 / 小食亭 D. 花園 / 庭園 E. 有遮蔭擋雨的地方 F. 休憩設施（設有椅子和桌子等） G. 遊樂場的告示牌 H. 交通配套指示	數	True/False
I. 拍攝：其他配套設施的發現	睇（眼）	Show Your Work

3.5.2 休憩區設施小評估

每組 4-6 人，完成以下的任務：

任務	社區觀察手法	Formative 題型
1. 有甚麼人坐在場內？ □幼童　□小學生　□中學生　□成人　□長者	睇（眼）	Multiple Selection
2. 遊樂場有多少椅子？	數	Short Answer
3. 訪問一位組員對座位的評分（1 分 = 最低；5 分 = 最高） A. 場內座位數目是否足夠 B. 設計是否方便集體活動 / 交談 C. 座位舒適度 D. 座位與兒童遊樂範圍的距離 E. 整體評價	問	Multiple Choice

F3.6 遊樂場的規管

每組 4-6 人，到場內張貼告示 / 守則的地方，找出使用遊樂場的限制：

任務	社區觀察手法	Formative 題型
1. 拍攝：最多遊樂場告示 / 守則的地方，並用畫筆圈起一條最令你未能盡興地嬉戲的守則（附加文字 / 繪畫解釋）	睇（眼）	Show Your Work
2. 管理公司的名稱及聯絡方法	睇（眼）	Short Answer

F3.7 反思帶領指引

時間	程序 / 形式 / 科技	反思提問	學習要點 / 目標	準備
20 分鐘	**R33. 相片命名** 回程後，在 Facebook 回顧參加者的發現，並請參加者讚好及留言為帖子命名（如玩法最「百變」、動靜皆宜、消耗體力、需要動腦筋），分享用後感及對指定設施的意見	◖◗ 回憶：這遊樂場最吸引誰去使用？ ◖◗ 理解：這些設施如何滿足不同年齡的用家？ ◖◗ 分析：這些遊樂設施 / 裝置如何讓兒童學習和成長發展？ ◖◗ 評鑑：不按原定設計去玩反映了設施的設計如何滿足 / 不能滿足用家的需要？ ◖◗ 應用：遊樂場的設計與兒童權利中提及的「發展權」有何關係？	**# 兒童遊樂場** **# 偏見 / 歧視** 社會公義：人權、自由、平等	- 開設 Facebook 活動專頁互動，並事前在程式增設組別名
20 分鐘	**R16. 畫出相框** 展示各組所拍攝的照片，討論和評估遊樂場的設施能否及如何照顧不同需要的用家，並在相框外畫出能照顧哪些需要的人士	◖◗ 評鑑：代入你扮演的角色，你認為哪一設施最需要改善？原因為何？ ◖◗ 應用：為何需要建設無障礙的遊樂空間？ ◖◗ 理解：你如何定義共融遊樂場？ ◖◗ 創造：你認為遊樂場應增刪甚麼裝置，才可變成一個能照顧不同身心需要兒童的共融遊樂場？	**# 家庭友善** **# 通用設計** 尊重差異 關愛	- 開啟 Formative 考察成果 -Projector
20 分鐘	**R30. 相．聯想** 綜合各組對遊樂場座位的評價，以用家角度分享遊樂場鄰近的土地配置與遊樂場發揮的作用	◖◗ 分析：配套設施應有何設計的元素和特徵，以關顧不同需要人士使用設施？ ◖◗ 評鑑：這些配套設施對家長和兒童重要嗎？為甚麼？ ◖◗ 創造：假如你是一位家長，你期望附近應設置甚麼配套設施？ ◖◗ 應用：誰應負責提供途徑去聆聽用家的觀點？與兒童權利中提及的「參與權」有何關係？	**# 言論自由** **# 和合設計 / 社區 / 城市** 社會公義：人權、自由、平等 關愛	- 開啟 Formative 考察成果

F3.8 在地行動點子

政策倡議：最想改變的標示

投票選出「最希望取消」的規條 / 守則，利用 Formative 的 Show Your Work 畫板重新設計一個只有「准許」標示的遊樂場告示牌，並向區議員反映。

反思：

◊ 守則內容的語言，對兒童來說是否顯淺易懂？

◊ 猜猜為何有這告示 / 守則？守則是保障還是限制了兒童權利？對誰最有利和方便？對誰最不便？

◊ 在設定的過程中，你猜猜有誰參與提供意見？政府有沒有機制讓兒童就遊樂場的設計提出意見？

🗂 考察發現

最吸引你的玩樂設施 / 裝置

最吸引你的玩樂設施 / 裝置

拍攝：最適合自己使用的遊樂設施 / 裝置

F4　南區：捕漁與休漁

鳴謝：香港仔浸信會呂明才書院地理科主任麥家斌老師提供意見

▶設計理念及背景

聯合國糧農組織（Food and Agriculture Organization of the United Nations, FAO）估計，海產食品佔全球人類食用動物蛋白的 17%。自 2006 年以來，人均食用魚供應量已增長至每人 18.4 公斤。糧農組織的歷史記錄更指出，全球大約 30% 的野生捕撈漁業均過度捕撈或耗竭。

多年來，南海過度捕撈強度已超過魚類的再生能力，令漁業資源持續衰退。從 1999 年開始，中國在南海實施休漁政策，香港也同時配合，所有拖網、圍網及摻繒作業漁船一律停港、封網，目的是希望提高漁民的生態與環保意識。香港是亞洲人均海鮮消耗量第二高的地區，全球排行第八。因此香港人大量食用海鮮以及選擇食用的種類，對海洋有著深遠的影響。每名香港人全年平均消耗 65.5 公斤海鮮，較全球人均食用量高出 3 倍多。

是次考察以香港仔這個富特色的漁港為場景。先從漁業教育中心了解不同種類的漁船，分清哪些在香港境內及休漁期不可出海捕撈，再到避風塘數算有多少船隻，以及分析休漁期對漁民的影響。另方面，也了解批發及零售市場的海產及保育措施，從而反思自己的消費選擇可如何照顧到生態的可持續發展。

資料來源：聯合國糧農組織、漁農自然護理署

▶學習目標

情境知識概念： # 綠色生活　　# 消費者 / 社會責任　# 保護環境 / 善用地球資源
　　　　　　　　 # 地球友好　　# 可持續消費　　　# 良心 / 公義 / 責任 / 道德消費

世界公民議題： 知識（K）——可持續發展、全球化
　　　　　　　　 價值（A）——負責任
　　　　　　　　 技巧（S）——批判思考、共同合作

相關學校課程： 通識教育——單元 6 能源科技與環境、單元 4 全球化
　　　　　　　　 生活與社會——M11 明智消費：明智消費者的責任、M29 世界公民與人道工作
　　　　　　　　 常識——（小四）認識國土：昔日的香港、（小五）生命變變變：生命的接棒

▶ 建議程序

階段	時間	地點	Wifi	程序	附件	教學策略	工具
導入	15 分鐘	中心 / 學校	中心 / 學校	食魚的習慣	4.1	分析	Poll Ev 海鮮選擇指引
	15 分鐘			休漁期問答比賽	4.1	討論	Kahoot
	10 分鐘			講解考察	4.2		
考察	30 分鐘	漁業教育中心	自備	F4.3 捕撈方法知多少	4.3	觀察	Google 表格
	30 分鐘	香港仔批發市場及海濱	自備	F4.4 香港仔漁業的發展	4.4	觀察	Google 表格
	30 分鐘	街渡上	自備	F4.5 禁止拖網與過度捕撈	4.5	訪問	Google 表格
	30 分鐘	鴨脷洲街市	Gov	F4.6 街市海鮮遊蹤	4.6	觀察	Google 表格
反思	30 分鐘	中心 / 學校	中心 / 學校	討論 Google 表格成果	4.7	討論	Google 表格
行動	兩星期	中心 / 學校	N/A	F4.8 專題研習	4.8	服務學習	

▶ 變奏

- F4.3 的主要用作是前置參加者對漁船的知識，以準備進行 F4.5 的點算任務。「漁業教育中心」因要重建而自 2017 年 9 月起暫時休館一年。工作員可通過在香港仔海濱公園的展板，認識「禁止破壞性方法捕魚」及「香港仔漁業發展：漁船簡介」來完成 F4.3 所設定的大部份任務，位置見右圖；

- 注意考察的日期，若在南海休漁期期間到訪，碼頭會較清靜。

▶ 參考資料

- ☐ 香港仔魚市場及避風塘導覽 — travelsouth.hk/fish_market
- ☐ 漁類統營處 — fmo.org.hk
- ☐ 漁業資源存護 — goo.gl/uKNoHS
- ☐ WWF 海鮮選擇指引 — goo.gl/8nS2yB
- 📖 饒玖才（2015）。《19 及 20 世紀的香港漁農業：傳承與轉變》（上冊）

F4.1 導入帶領指引

時間	程序 / 形式 / 科技	反思提問	學習要點 / 目標	準備
15 分鐘	**食魚的習慣** 1.〔MC〕你每星期有多少次吃魚或海產（包括：刺身、副食品如魚蛋等）？ 2.〔Word Cloud〕最常吃甚麼魚或刺身？ 3.〔Rank Order〕一條魚從離開大海到餐桌供人食用會經過何處？ ≡海上被捕撈 ≡漁船 ≡魚類批發市場 ≡陸上運輸 ≡街市 / 超市 ≡廚房	↻ 理解：你猜猜一會到訪的地方，和這個漁產歷程有何關係？ ↻ 應用：看看《海鮮選擇指引》，找找你喜愛或常吃的海產中，有多少屬於「想清楚」或「避免」類別？	以參加者平日食魚的經驗導入一會考察的地點，能令他們對海產的原產地及捕獲方法產生好奇，並將個人經驗與海產的供應連上關係	準備 PollEv 問題（Word Cloud、Rank Order） 每組有一部手機已安裝《海鮮選擇指引》
15 分鐘	**休漁期問答比賽** 見下表 ^，每題都可解說背後的意思	↻ 分析：你認為實施休漁期的原因是甚麼？ ↻ 評鑑：你有多贊成休漁期，為甚麼？	引起參加者留意休漁期的原因及背景資料	設定 Kahoot 題目
10 分鐘	**講解考察**	工作員派發地圖及任務指引，講解考察安排。		4.2 地圖

^ 休漁期問答比賽題目：

問題及答案	工作員於每題後補充解說
1. 根據世界自然基金會估計，野生海魚何時會消失於海洋？ 2048 年、2088 年、2128 年、2148 年	主要是濫捕導致海產下降，2014 年全球海產供應量是 1950 年的 8 倍
2. 香港人每年消耗海鮮量，在亞洲排行第幾？ 第一、第二、第三、第四	請參加者猜何處第一？答案：馬爾代夫。香港人均海鮮消耗為全球平均值 3 倍多
3. 2010 年，本港活海魚的供應，最多來自哪個地區？ 中國內地、泰國、菲律賓、香港	本港漁船輸入 26%、印尼 22%、泰國 21%、菲律賓 17%、內地 15%
4. 根據聯合國糧農組織報告，中國擁有最多的漁船，佔全球百分之幾？ 5%、15%、25%、35%	1/4 的漁船來自中國
5. 歐洲議會在 2013 年的調查指出，中國漁船的實際捕撈量是官方上報聯合國數字的多少倍？ 3 倍、6 倍、9 倍、12 倍	帶出有漁船不受監管到世界各地非法捕撈
6. 內地自哪年開始，在每年夏季設休漁期？ 1989 年、1999 年、2004 年、2009 年	休魚期執行近 20 年，是次考察會嘗試了解其成效
7. 在休漁期間，全面禁止大部份的捕魚方式，唯一例外的是？ 圍網、刺網、拖網、排釣	大大減少漁獲

F4.2 考察地圖

掃描以下 QR 碼,再用 Google 地圖打開,用導航功能找出以下地點:

地圖資料 ©2017 Google

規則:

1. 全組利用指定活動的 Google from QR 碼去完成 4 個考察;

2. 組員共同進退及注意安全;

3. 請按指定時間:_____,返回集合地點。

F4.3 捕撈方法知多少

📍田灣——漁業教育中心

A

B

C

D

圖片來源：漁農自然護理署網頁——香港魚網（🖰 hk-fish.net）

觀看展板後，完成以下任務 *

任務	社區觀察手法	Google 題型
1. 到互動遊戲站進行「破壞性捕魚知多少」，並記錄分數	👁 睇（眼）	Short Answer
2. 請**配對上圖**與以下漁船種類，並剔選在香港水域內是否合法？ 　　　　　A　　　B　　　C　　　D　　　是否合法？ 蝦拖　　□　　　□　　　□　　　□　　　□（X） 單拖　　□　　　□　　　□　　　□　　　□（X） 雙拖　　□　　　□　　　□　　　□　　　□（X） 摻繒　　□　　　□　　　□　　　□　　　□（X）	👁 睇（眼）	Checkboxes Grid
3. 根據《漁業保護條例》，任何人用以上破壞性方式捕魚，一經定罪，最高會被判處監禁 6 個月及罰款多少元？	👁 睇（眼）	Short Answer
4. 政府有何管理措施，讓漁業可持續發展？ 　□禁止在本港水域拖網捕魚 　□人工魚礁計劃 　□指定漁業保護區 　□限制非漁船類的船隻捕魚 　□設定本地新漁船上限 　□禁止非本地漁船捕魚	👁 睇（眼）	Checkboxes

* 如有時間，可到中心內的兒童區，試玩「建製我的漁船」電腦遊戲，以加強對不同種類漁船的認識

F4.4 香港仔漁業發展

📍 魚類批發市場 *

任務	社區觀察手法	Google 題型
1. 開放時間	👁 睇（眼）	Time
2. 關閉時間	👁 睇（眼）	Time
3. 主要活動時間	👁 睇（眼）	Short Answer
4. 拍下氣味最濃烈的位置	👃 睇（鼻）	File Upload
5. 數算或列出總共多少個有招牌的批發商或檔口	🔢 數	Short Answer
6. 數算或列出「魚」或「海鮮」字眼？	🔢 數	Short Answer
7. 請拍下推廣環境保育或可持續發展的宣傳品或字句	👁 睇（眼）	File Upload

* 注意：

1. 建議在中午前後，市場未關閉而活動亦非最忙碌的時間到訪；

2. 可事前向漁類統營處申請安排參觀導賞團；

3. 車輛繁忙，注意安全。

📍 香港仔海濱公園

任務						社區觀察手法	Google 題型
1. 你在香港仔海濱公園發現到多少不同的休閒漁業 / 經濟活動？						👁 睇（眼） 🔢 數	Multiple Choice Grid
	1	2	3	4	5+		
遊覽海洋和江河	○	○	○	○	○		
讓人認識水產品種的展館	○	○	○	○	○		
觀賞及垂釣	○	○	○	○	○		
養殖、垂釣結合餐飲	○	○	○	○	○		
2. 訪問其中一位店主，了解開業年份						💬 問	Date
3. 訪問並了解為何會開業						💬 問	Short Answer

📁 考察發現

拍下氣味最濃烈的位置

推廣環境保育或可持續發展的宣傳品或字句

F4.5 禁止拖網與過度捕撈

📍 從香港仔乘街渡前往鴨脷洲，終點為：goo.gl/jVKpeU

任務	社區觀察手法	Google 題型
1. 請數算不同漁船的數量： 　　　　　1　2　3　4　5　6　7　8　9+ 單/雙拖網　〇〇〇〇〇〇〇〇〇 圍網　　　〇〇〇〇〇〇〇〇〇 摻繒　　　〇〇〇〇〇〇〇〇〇 蝦拖　　　〇〇〇〇〇〇〇〇〇	⊞ 數	Multiple Choice Grid
2. 請數算多少船隻上有以下的字眼： 　　　　　1　2　3　4　5　6　7　8　9+ 南海不休　〇〇〇〇〇〇〇〇〇 深蛇　　　〇〇〇〇〇〇〇〇〇 深鹽　　　〇〇〇〇〇〇〇〇〇 深南　　　〇〇〇〇〇〇〇〇〇 珠香　　　〇〇〇〇〇〇〇〇〇 珠桂　　　〇〇〇〇〇〇〇〇〇 珠灣　　　〇〇〇〇〇〇〇〇〇	⊞ 數	Multiple Choice Grid
3. 完成後，嘗試分組在 Google 地圖上，找出以上船隻可以停泊在深圳或珠海哪個碼頭？	✋ 睇（手） 👁 睇（眼）	Short Answer
4. 訪問漁民，請他們比較現時與舊日的漁獲，包括捕魚量、種類（有哪些海產已不能野生捕捉）、魚的體積等。 （最多 1 分鐘的錄音）	💬 問	File Upload
5. 訪問漁民，了解休漁期的生活狀況？他們對此政策的成效有何看法？（最多 1 分鐘的錄音）	💬 問	File Upload
6. 訪問漁民，了解他們三個最大的經營困難： ☐ 海水污染　　　☐ 成本高企 ☐ 青黃不接　　　☐ 氣候變化 ☐ 欠缺政府支援　☐ 南海休漁期 ☐ 造船業式微	💬 問	Checkboxes

F4.6 街市海鮮遊蹤

📍 鴨脷洲市政街市

任務	社區觀察手法	Google 題型
1. 請數算售賣海鮮的店舖有多少	⊞ 數	Short Answer
2. 請選一所商店觀察，並記下店名	👁 睇（眼）	Short Answer
3. 通過《海鮮選擇指引》程式，數算店內有多少海鮮是： 　　　　　1　2　3　4　5　6　7　8　9+ 避免　　○　○　○　○　○　○　○　○　○ 想清楚　○　○　○　○　○　○　○　○　○ 建議　　○　○　○　○　○　○　○　○　○	⊞ 數	Multiple Choice Grid
4. 請拍下推廣環境保育或可持續發展的宣傳品或字句。	👁 睇（眼）	File Upload
5. 訪問店主鹹水魚還是淡水魚的銷量較好？ 　○鹹水魚　　　○淡水魚	💬 問	Multiple Choice
6. 訪問店主，了解一下貨物的產地來源？	💬 問	Short Answer
7. 今年南海休漁期的開始日期	💬 問	Date
8. 今年南海休漁期的結束日期	💬 問	Date
9. 錄音：訪問店主南海休漁期前後貨源及價錢有何不同？	💬 問	File Upload

⇩ **WWF 的海鮮選擇指引** —— 由其中一
位參加者下載程式：

　　　　　　　　　　　　　　　　Android　　　　iOS

F4.7 反思帶領指引

時間	程序 / 形式 / 科技	反思提問 *	學習要點 / 目標	準備
20 分鐘	**F4.3 捕撈方法知多少**	↻ 分析：為何會出現過度撈捕的情況？為何需要這些管理措施？	**# 地球友好** 可持續發展	- 開啟 Google 表格的回覆摘要
20 分鐘	**F4.4 香港仔漁業的發展** 重點展示及討論： 1. 檔口數量 2. 推廣環保的宣傳照片 3. 休閒漁業經營者的數量及其興起的原因	↻ 評鑑：你會如何評價批發市場的繁忙程度？ ↻ 應用：漁類統營處在生態保育上做了甚麼的工作？ ↻ 分析：休閒漁業的興起與休漁期有何關係？	**# 綠色生活** **# 良心 / 公義 /** **責任 / 道德消費** 可持續發展	同上
20 分鐘	**F4.5 禁止拖網與過度捕撈** 重點展示及討論： 1. 內地停泊許可的船數 2. 訪問漁民有哪些困難	↻ 理解：過度撈捕對漁民及海洋造成甚麼傷害？ ↻ 分析：為何會有深圳和珠海碼頭的停泊許可？與香港的漁業管理措施有何關係？ ↻ 應用：你猜這些漁船多會在香港還是南海捕魚？ ↻ 理解：漁民有何最大的經營困難？ ↻ 分析：南海休漁期對這類拖網船的生計有何影響？ ↻ 評鑑：漁民是否破壞海洋生態的代罪羔羊？	**# 保護環境 / 善** **用地球資源** 可持續發展 全球化	同上
20 分鐘	**F4.6 街市海鮮遊蹤** 重點展示及討論： 1. 鹹淡水魚的比例 2. 訪問錄音 3. 海鮮建議指引	↻ 應用：南海休漁期對零售商有何影響？ ↻ 評鑑：綜合各人意見，你認為休漁期的成本效益有多大？ ↻ 創造：數算不同的海鮮種類後，對你的消費選擇有何影響？消費者要進行可持續消費，街市可提供哪些資訊？你會否將海鮮選擇指引介紹給其他人？	**# 消費者 / 社會** **責任** **# 可持續消費** **# 良心 / 公義 /** **責任 / 道德消費** 可持續發展	同上

* 如參加者能力較高，可以用思維腦圖來組織以下概念：引致海洋生物數量下降的因素、各持份者的責任及應對策略等。

F4.8 在地行動點子

專題研習：社區教育

A. 選定利用一種海產作為研習的主線，回答以下問題：

○魚翅　　○藍鰭吞拿魚　　○花膠　　○其他：＿＿＿＿＿＿＿

B. 在互聯網搜尋有關海產的新聞報導，並回答以下問題：

1. 製作過程的影響

	社會：	大自然／生態：	動物／物種數目：	其他：
捕獵及生產帶來的後果				
構成傷害的因由				

2. 香港在貿易鏈上扮演甚麼重要角色？（出口商／生產者）

_____

C. 訪問不同持份者對食用此海產的意見

你的長輩	你的朋友
有烹調以上食物的餐廳	售賣以上食材的店主

D. 畫圖說故事

用 SeeSaw 的 Drawing 功能，設計一段 1-2 分鐘的 Screencasting，分享你研習的發現，並放上社交平台，鼓勵朋友消費時要盡的生態責任：

F5 油尖旺區：光污染

鳴謝：綠惜地球環境倡議總監朱漢強先生提供意見

▶ 設計理念及背景

「光污染」（Light Pollution）又稱為「光害」，指過量使用人為照明而影響人類的正常生活，包括：浪費能源、滋擾睡眠、損害健康、破壞生態平衡及生物的生理週期、阻礙天文研究等。2009 年，香港大學曾經做過「香港光害調查」，發現旺角、灣仔等地區的夜空比西貢的光 500 倍。整體市區夜空的平均光度比郊區夜空光亮 100 倍。自 2011 起，環保署每年都收到約 250 宗光污染投訴，其中 40% 涉及政府部門。

人為照明把光線直接照射或反射上天，大氣中的雲、霧和懸浮粒子等污染物再將光線散射開，導致星空消失。以下為香港光污染的主要來源：

● 街燈：現時香港有超過 13 萬盞路燈，對居民造成光滋擾；

● 廣告招牌：香港市區擁有大量廣告招牌，多以強光照射和以閃爍燈光效果展示，銅鑼灣、旺角及尖沙咀更有不少大型 LED 電視屏幕；

● 商舖燈光：部份人流極多的街道，商舖多安裝強力燈光照明，令街道兩旁的民居難以安睡。

自 2007 年起，世界自然基金會（World Wild Fund for Nature, WWF）都會在每年 3 月最後一個星期六晚舉辦「地球一小時」活動，號召家庭及商界用戶關上不必要的電燈及耗電產品一小時。2016 年，有超過 7,000 個城市參與。香港則有 4,100 家公司及大廈和多個地標建築物熄燈響應，以傳達節省能源的訊息，應對氣候變化帶來的問題。2011 年，政府成立戶外燈光專責小組，並在 2016 年推出《戶外燈光約章》，商戶及機構承諾在晚上 11 至 12 時關閉對戶外產生影響的燈光，直至翌晨 7 時。約章只是自願性質，現時有 4,000 多間商戶參與約章，可是其中約 180 間是學校或社福機構，大部份參與機構在約章前，已經一直在午夜前關燈。有團體建議立法規管光污染，如：規定燈光使用時限及亮度，有反對者認為不少城市（如：新加坡、東京等）都無燈光管制，立法規管燈光會削弱香港作為東方之珠的旅遊吸引力。事實上，不少全球知名城市如倫敦、法蘭克福、紐約等都設立燈光管制，以減少光污染。

為應對氣候變化，196 個國家於 2016 年共同簽署了《巴黎協議》，一致承諾將本世紀末全球溫度升幅控制在攝氏 2 度之內。香港作為締約城市，卻有超過七成的電力依賴燃燒化石燃料所得，而可再生能源僅佔整體發電燃料組合約 0.1 %，減碳的步伐仍落後於國際。

資料來源：《狗照》、綠惜地球、香港電台通識網、《蘋果日報》、世界自然基金會

▶ 學習目標

情境知識概念： #光污染 / 光滋擾　　#城市規劃　　#宜居城市　　#全球暖化

　　　　　　　　 #地球友好　　　　#碳足印　　　#節約能源　　#綠色生活　　#星空保育

世界公民議題： 知識（K）——可持續發展、社會公義：平等

　　　　　　　　 價值（A）——尊重、負責任

　　　　　　　　 技巧（S）——社區營造

相關學校課程：通識教育——單元 2 今日香港：生活素質、單元 6 能源、科技與環境

生活與社會—— M23 維護核心價值、M27 全球城市

常識——（小三）健康的生活：環保生活、（小四）奇妙的世界：電的故事、

（小五）大地寶庫：節約能源、（小六）環境與生活——適者生存

▶ 建議程序

階段	時間 #	地點	Wifi	程序	附件	教學策略	工具
導入	10 分鐘	旺角社區會堂	政府	家電大搜查	5.1	分析	Poll Ev
	10 分鐘			光污染問答比賽	5.1	遊戲	Kahoot
	10 分鐘			講解考察	5.2		Lux Meter
考察	60 分鐘	奶路臣街至登打士街	自備	F5.3 街道之最	5.3	觀察	SeeSaw/印工作紙
	60 分鐘		自備	F5.4 光房戶感受	5.4	觀察	Formative
	60 分鐘		自備	F5.5 最大的廣告牌	5.4	訪問	Formative
反思	20 分鐘	旺角社區會堂	政府	R32. 相片背後	5.6	討論	SeeSaw
	20 分鐘			觀看《視點 31》及討論	5.6	創作	Youtube Formative
	20 分鐘			R39. 畫圖說故事	5.6	討論	SeeSaw
行動	兩星期	N/A	N/A	延伸在地行動點子	5.7	服務學習	

活動宜於晚上至凌晨進行

▶ 變奏

● 可善用手機的分貝量度儀，在西洋菜南街的行人專用區同時探討假日噪音污染的問題；

● 其他類似及可比較的地點：

 ■ 中環德輔道中及畢打街一帶

 ■ 銅鑼灣怡和街及記利佐治街、崇光百貨的大型電視螢幕與渣甸坊及啟超道一帶

 ■ 尖沙咀海防道與廣東道一帶及海旁的幻彩詠香江

▶ 參考資料

- 香港夜空光度監測網絡   goo.gl/ok15pL
- 《明報通識》：光污染   goo.gl/AggtdP
- 環境局：《戶外燈光專責小組報告》（2015）   goo.gl/BWg5VM
- 環境局：《戶外燈光約章》   goo.gl/XonmMc
- 《星期日明報》：「燈光政治」/ 朱漢強   goo.gl/fUaGKD
- 《視點 31》大燈泡（香港電台 26/04/2016）   goo.gl/5kVQVt
- 《鏗鏘集》等待星光燦爛（香港電台 27/10/2013）   goo.gl/Xh8Xys
- 朱漢強、陳曉蕾：《夠照》
- 香港地球之友：《日照．夜照》

F5.1 導入帶領指引

時間	程序 / 形式 / 科技	反思提問	學習要點 / 目標	準備
15 分鐘	**我的碳排放** 使用中電的計算器,計算自己過去一周的碳排放 🖱goo.gl/U63CpP	◖ 回憶:你一周共製造了多少 CO_2? ◖ 理解:家中甚麼電器最耗電? ◖ 應用:試猜要種多少棵樹才可把這些 CO_2 完全吸收?	把議題連結至參加者的生活經驗	
10 分鐘	**家電大搜查** 1. 字雲:家中發光的電器 2. MC:電燈使用時數 3. Q&A/Rank:如果停電,哪些家電關掉其實對生活也沒大影響?(3 票)	◖ 回憶:家中有哪些發光的電器?用多少小時? ◖ 應用:如果停電,有哪些電器關掉其實對生活也沒有大影響? ◖ 分析:為何平日仍會長時間開啟某些電器在待機狀態?	把議題連結至參加者的生活經驗	Poll Ev
10 分鐘	**光污染問答比賽** 見下表 ^,每題都可解說背後的意思	◖ 回憶:在街上最常見到哪類電燈? ◖ 理解:對不同的燈膽有何感受?對生活又有甚麼影響?	邀請參加者在考察中留意不同種類的燈及思考其影響	設定 Kahoot 題目
10 分鐘	**講解考察** 派發地圖及任務指引(見 F5.2)	◖ 學習使用 SeeSaw Class、Formative 和 Lux Meter ◖ 練習如何用 SeeSaw 上載照片的所有步驟(詳見 5.3 的指引)		5.2 地圖

^ 光污染問答比賽題目:

問題及答案	工作員於每題後補充解說
1. 量度光源照度的單位是? 瓦特(Watt)、勒克斯(Lux)、攝氏度(OC)、流明(Lm)	每單位面積所接收到的光通量(1Lux=1 流明 / 平方米)
2. 一般讀書寫字的地方的光源需要多少照度? 100Lux、500Lux、1,000Lux、5,000Lux	
3. 在陰天下的正午照度為? 800Lux、8,000Lux、40,000Lux、100,000Lux	100,000Lux 為正午下烈日的照度
4. 根據路政署的數字,馬路上一般街燈的平均照度為? 50Lux、100Lux、200Lux、300Lux	可多留意考察的景點
5. 在相同的能量消耗下,哪款燈的光源光度最大? 鎢絲燈泡、石英燈、慳電膽、LED 燈	可以舉手的方式了解參加者家中多數用哪類型的燈
6. 2016 年間,環保署接獲約多少宗戶外光污染投訴? 137 宗、237 宗、337 宗、437 宗	2012-2015 期間為大約 225-259 宗

F5.2 考察地圖

掃描以下 QR 碼,再用 Google 地圖打開,用導航功能找出以下地點:

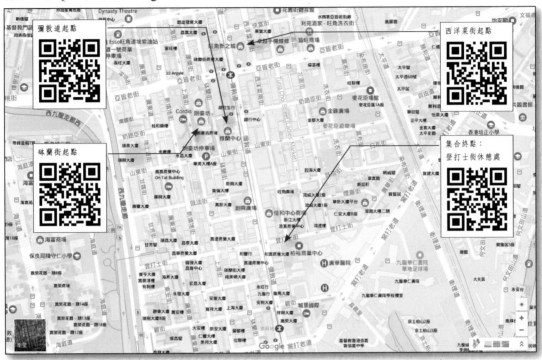

地圖資料 ©2017 Google

安排:

● 由指定地點出發,經三條街道的其中一條前往終點,有 2 個 QR Code:

■ Google 地圖位置,可作導航

■ Formative 工作紙(完成 F5.4、5.5 工作紙)

小組分工:

1. 打開 SeeSaw / Formative 並讀出問題,再作記錄

2. 打開 Google 地圖,負責帶路及照顧安全

3. 打開 Lux Meter 測量光度:

Android

iOS

F5.3「街道之最」工作紙

自由活動 30 分鐘

📍 由奶路臣街出發，分組經以下街道向南步行至登打士街，沿途選出以下之最，並用 Lux Meter 記錄每個光度（Lux）：

○ 西洋菜南街　　　○ 彌敦道　　　○ 砵蘭街

任務	社區觀察手法	SeeSaw 題型
1. 最不知有何作用的射燈	👁 睇（眼）	Photo
2. 最動感百變及色彩繽紛的霓虹招牌	👁 睇（眼）	Video
3. 最大的 LED 屏幕	👁 睇（眼）	Photo
4. 最刺眼的 LED 招牌	👁 睇（眼）	Photo
5. 最多大光燈的廣告牌	🔢 數	Photo
6. 最多燈光的珠寶店櫥窗	🔢 數	Photo

以 SeeSaw Class 上載考察成果，參加者使用指引如下：

1. 打開 SeeSaw 應用程式，按 I'm a Student；

2. 輸入指定的 Text Code / QR 碼，以進入開設的 Class；

3. 在「Tap Your Name」中選出負責考察的街道，作為登入身份；

4. 拍攝時，按 ＋ Add Item，選用 Photo 或 Video；

5. 按 ✔ 上載後，按所觀察的題目點選 Folders。

工作員在設置 SeeSaw 時：

● Student 設定為「西洋菜南街」、「彌敦道」、「砵蘭街」

● Folders 設定為上述 6 條題目

F5.4 光房戶感受

📍完成 5.3 的任務後，返回一個全組認為對附近住戶最大影響的光源＊，再詳細進行觀察

任務	社區觀察手法	Formative 題型
1. 代入樓上的住戶，哪一個地點的光源對你的生活有最大影響？	👁 睇（眼）	Short Answer
2. 用 Lux Meter 量度光度	📊 數	Short Answer
3. 駐足望一分鐘，並從不同角度觀看，記下有何感覺？	👁 睇（眼）	Short Answer
4. 在此處上空看見星星嗎？ ○看到很多　　○看到幾顆　　○看不到	👁 睇（眼）	Multiple Choice
5. 光源的四周有甚麼種類的樓宇？ ○住宅大廈　　○商業大廈　　○商場	👁 睇（眼）	Multiple Choice
6. 觀察附近有甚麼東西，猜猜此光源有何作用？	👁 睇（眼）	Short Answer
7. 嘗試向有關公司或商戶查詢此光源每日的開關時間	👁 睇（眼）	Short Answer
8. 樓上的住戶如何應對？ □拉上窗簾　　　　　□貼上茶色透明膠紙 □改用磨沙玻璃窗　　□貼上廣告標語 □其他	👁 睇（眼）	Multiple Selection
9. 在大廈的大門口守候，嘗試向住客了解這光源對他們有何影響，並以語音記錄	💬 問	Audio Response

＊變奏：

1. 選出光度（Lux）最高的一個光源

2. 以 SeeSaw Class 展示自己街道的 Feed View，訪問 10-20 個途人，邀請他們在小組拍下的記錄中投選最影響附近住戶的一個地點（每一票以 Comment 記錄），再到最高票的地點進行以上任務

F5.5 最大的廣告牌

📍找一幅最大的大廈外牆廣告牌，完成以下題目：

任務	社區觀察手法	Formative 題型
1. 拍下該廣告牌	👁 睇（眼）	Show Your Work
2. 數算多少戶的窗口給遮擋了	📊 數	Short Answer
3. 數算多少射燈照著這廣告牌	📊 數	Short Answer
4. 找出製作這廣告牌的公司： ○ Convey　　　　○ POAD　　　○其他	👁 睇（眼）	Multiple Choice
5. 訪問受影響住戶有何感受？	💬 問	Audio Response

F5.6 反思帶領指引

時間	程序 / 形式 / 科技	反思提問	學習要點 / 目標	準備
15 分鐘	**R22. 腦力激盪** 引導參加者思考產生光過程出現的副產品：如熱、電等及其帶來的污染和影響	◯ 分析：光污染對環境帶來甚麼後果？	# 光污染 # 地球友好 可持續發展	開 Padlet 牆
20 分鐘	**R32. 相片背後** 在 F5.4 的 SeeSaw 中，每個 Padlet 有 1-2 票（視乎人數決定），代入居民的角度，於每個項目中投選最影響生活的一個光源。 **延伸活動**：查看拍下的商戶有否參與《戶外燈光約章》 ☞goo.gl/5sNLco	◯ 理解：假設你是附近的居民，你有何感受？ ◯ 分析：以「不知有何作用的射燈」為例，猜想商戶為何要如此做？ ◯ 評鑑：太耀眼的招牌是否真的達到預期目的？ ◯ 創造：為了節能，你建議如何調整但又不影響途人清楚看到招牌上的訊息？（扣減燈數 / 調低亮度 / 調整投射角度）	# 光污染 # 宜居城市 可持續發展	打開 SeeSaw* 老師帳戶，在 Class View 展示不同 Folder（題目）
15 分鐘	觀看港台節目： 📺 goo.gl/aeai9J 打開 GoFormative，各組匯報結果，探討光源對附近街坊的影響	◯ 理解：這些光源對附近居民的生活有何影響？整個議題涉及哪些政府部門？ ◯ 分析：對整體環境生態帶來甚麼影響？背後不同持份者（政府、環保團體、商戶、街坊）之間如何角力？	# 光污染 # 全球暖化 # 地球友好 尊重	Formative 老師版面
30 分鐘	**R39. 畫圖説故事** 以不同持份者的角度探討光污染的政策，製作一分鐘的畫圖旁述短片： ● 居民説服商戶簽署戶外燈光約章 ● 環保團體説服政府立法規管光污染 ● 政府教育市民節約用電 ● 畫出不同持份者之間的關係	◯ 理解：各個持分者背後有何考慮？ ◯ 分析：你有多贊成立法規定在午夜後熄滅所有路燈以外的燈光設施？為甚麼？有何優劣？ ◯ 應用：光污染與經濟發展如何取得平衡？ ◯ 評鑑：《戶外燈光約章》成效如何？有何局限？ ◯ 創造：個人又可如何身體力行減少光污染？	# 城市規劃 # 碳足印 # 綠色生活 可持續發展 負責任 社區營造	SeeSaw Drawing

* **變奏**：改用 Facebook，每張相上載時，用 #Hashtag 標示題目，並用 GPS 為所在地打卡

F5.7 在地行動點子

我們建議用由淺入深的方式進行，參加者先從自己家中做起，然後走到社區，最後延伸至政策，以涵蓋所有日常生活中觸摸得到的東西。

● 家居：

■ 先訪問參加者有甚麼方法可減少 / 避免自己家中出現光污染，再邀請他們設計一些減低家居光污染的創新點子；

- ■ 找出碳排放足跡及觀察減少碳排放的方法（參考「350 香港」的關於減碳的十件事：🖱goo.gl/JN784d），把使用省電家電的心得製成節能小貼士，向同學和鄰居推廣；

● 社區：
- ■ 考察及統計有關回收、節能、綠化的社區設施、教育性資料及相關告示，建議於商場、休憩空間或政府辦公室進行，並向有關機構／部門致電查詢及施壓；
- ■ 借用實驗室測溫槍，或下載手機應用程式（如：Temperature Nearby，惟準確性一般），探索這些設施的綠色實踐程度，如：量度商場溫度，繼而向有關方面提出建議；
- ■ 了解受影響街坊的意見及取得其同意後，再向有關部門查詢及反映，包括：屋宇署、該區的民政事務處、警署、地政處、路政署、運輸署、環保署及有關商戶等，以了解其回應。

● 政策：
- ■ 上網查找本港政府就可持續發展及《巴黎協定》推行的政策，可參考《香港氣候行動藍圖 2030+》：🖱goo.gl/dmVMa6；
- ■ 搜集本港關注氣候變化的組織，如綠色和平、350 香港，了解它們的工作、訴求和倡議。

🗁 考察發現

最不知有何作用的射燈

最動感百變的霓虹招牌

最刺眼的 LED 招牌

最大的 LED 屏幕

最多大光燈的廣告牌

最多燈的珠寶店櫥窗

F6 　深水埗區：減廢回收

鳴謝：綠惜地球環境倡議總監朱漢強先生提供意見

▶設計理念及背景

學生在小學時學習成為良好公民，不可亂拋垃圾。多年的清潔香港運動，亦不斷提醒市民「將垃圾放入垃圾箱內」（清潔香港垃圾主題曲）。不過，環境保護署（下稱：環保署）指出，香港每天產生 14,311 噸固體廢物（當中 6,359 噸為家居廢物，其中只有 2% 會在本地循環再造）。由此可見，除了不可亂拋垃圾外，減廢回收也是我們應盡的公民責任。

導入活動主要是邀請參加者檢視家居垃圾，並分享回收的習慣，讓他們從生活經驗出發，明白並非將垃圾放進垃圾箱內便是盡了市民的責任，而是由生活習慣開始達到源頭減廢，令香港成為一個可持續發展的全球城市。

實行源頭減廢，首先是要避免購買及使用用完即棄的產品（Reduce），例如膠樽水、即棄餐具、紙巾等，改為使用可再用（Reuse）的水樽、毛巾等，繼而是從社區回收資源系統鼓勵市民在生活中實行分類回收（Recycle）。香港資源循環藍圖指出，超過八成住宅地區已有回收設施，惟除了金屬、塑膠、紙類的回收外，其他物品的回收仍非易事。本章內容將通過考察公園及社區設施，思考垃圾桶的數量及回收箱的分佈，如何影響市民處理廢物的習慣。

垃圾 / 廢物帶來的負面影響，不止於香港本土。綠色和平評估 2017 年全球有害的電子廢棄物將增加至 6,540 萬噸，香港每年則生產 7 萬噸電子垃圾，潛藏其中的有毒物質對一些亞洲、非洲國家的環境以至全球公眾的健康都帶來嚴重的威脅。另外，手機產品製造過程所產生的二氧化碳在 2017 年將累積至 1.22 億噸，加劇氣候變化。不少來自世界各地的人視鴨寮街為二手電子產品交易的集散地，消費的同時還會輸出不同的電子垃圾到其他地方。是次活動，參加者會考察檔舖及訪問店主，從而可以探討零售和批發活動與個人消費模式、垃圾產生及廢物全球化轉移的關係。

資料來源：香港資源循環 10 年藍圖（環保署）、香港減廢網站專頁（環保署）、綠色和平專題報導：一年 25 億部電子產品，地球能負荷嗎？

▶學習目標

情境知識概念： #3R/4R/5R 　　#減廢 　　#綠色消費 / 綠色生活 　　#通用設計

　　　　　　　　#公共衛生 　　#電子垃圾 　　#良心 / 公義 / 責任 / 道德消費

世界公民議題： 知識（K）——可持續發展

　　　　　　　價值（A）——負責任

　　　　　　　技巧（S）——行動策劃

相關學校課程： 通識教育——單元 6 能源科技與環境、單元 4 全球化

　　　　　　　生活與社會——M11 明智消費：明智消費者的責任、M29 世界公民與人道工作

　　　　　　　常識——（小三）健康的生活：環保生活、（小六）環境與生活：適者生存

▶ 建議程序

階段	時間	地點	Wifi	程序	附件	教學策略	工具
導入	15 分鐘	麗閣社區會堂 / 綠在深水埗	政府	家居垃圾大搜查	6.1	觀察	Google 表格
	20 分鐘			R04. 民意調查	6.2	討論	Poll Ev
	10 分鐘			講解考察	6.2		N/A
考察	30 分鐘	深水埗公園	自備	F6.3 垃圾桶逐個捉	6.3	觀察	Google 表格
	45 分鐘	附近街道	自備	F6.4 尋找回收箱的故事	6.4	觀察	手機相機、印工作紙
	60 分鐘	深水埗	自備	F6.5 電子產品回收行業	6.5	觀察訪問	Google 表格
反思	20 分鐘	南昌社區會堂（建議）	政府	垃圾桶逐個捉	6.7	討論	Google 表格
	20 分鐘			R30. 相・聯想	6.7	討論	Padlet
	20 分鐘			電子產品回收行業	6.7	歸納	Google 表格
行動	兩星期	N/A	N/A	政策倡議：垃圾桶 / 回收箱設計	6.8	研習	AWW
				社區教育：社區回收地圖	6.8	服務學習	Google 地圖

* 可考慮聯絡由環保署與保良局共同營運的「綠在深水埗」，合辦環保教育活動：🔗goo.gl/oadCQZ

▶ 參考資料

🔖 地球之友：回收計劃專頁	🔗 goo.gl/9f9zG3
🔖 香港減廢網站	🔗 goo.gl/mWpE5o
🔖 綠惜地球：《一劑「廿四味」篤爆廢膠回收出事》/ 朱漢強	🔗 goo.gl/YmHrxK
🔖 《明報》：回收的價值 / 朱漢強	🔗 goo.gl/EM1WKp
🔖 環保署：廢電器電子產品生產者責任計劃	🔗 goo.gl/aj9cdd
🔖 綠色和平：電子廢物專頁	🔗 goo.gl/Sbtz3W
🔖 《香港 01》：美國環團跨國調查　港淪全球電子垃圾崗	🔗 goo.gl/zKREbz
🎬 《蘋果日報》：垃圾圍城「梗」有一個係左近	🔗 goo.gl/CHC3H2
🎬 垃圾桶實驗	🔗 goo.gl/KmkNSS
🎬 水貨區垃圾桶的朝九晚五	🔗 goo.gl/iikrSz
🎬 電子毒物：處理電子廢料比一般固體廢物問題更棘手	🔗 goo.gl/DmY4LV
🎬 手機發展短片	🔗 goo.gl/epxR77

⬇ 「咪唯嘢」（Waste Less）應用
程式由環保署開發，把附近的
回收點以地圖形式展示於流動
裝置上，方便市民減廢回收

Android

iOS

F6.1 導入帶領指引

時間	程序 / 形式 / 科技	反思提問	學習要點 / 目標	準備
15 分鐘	**家居垃圾大搜查** 邀請參加者檢視連續兩日的家居垃圾及住所附近的回收箱，並完成 Google 表格。	◐ 回憶：你家中的人均垃圾棄置量，與 2015 年全港每人每日平均 0.88 公斤有多大差異？ ◐ 理解：「用完即棄」及「不可回收」垃圾內，有沒有可循環再用的物資？ ◐ 應用：有哪些步驟可避免回收物被污染？有哪些垃圾，可以有替代品或避免產生？ ◐ 評鑑：回想找尋回收箱的經驗，你認為回收箱的擺放位置，是否鼓勵居民進行回收？你會使用該回收箱嗎？ ◐ 分析：垃圾未經分類而去了堆填區，會產生甚麼後果？	讓參加者反思自己家中製造的垃圾和處理習慣	Google 表格
10 分鐘	**R04. 民意調查** 了解參加者的回收習慣 **問題：** 1. 〔MC〕家中有否把廢物進行分類及回收？ 2. 〔MC〕平均每星期多少次清理家中的回收物品？ 3. 〔Rank Order〕3R 中，對你來說的優先次序應是？ ≡ Reduce：節約 ≡ Re-use：重用 ≡ Recycle：循環再造	◐ 回憶：你或家人有否使用過住所附近的回收設施？ ◐ 理解：可否分別舉出一個你平日履行 Reduce、Re-use 或 Recycle 的例子？ ◐ 分析：甚麼原因令你在家中能 / 不能實行廢物分類回收？	讓參加者分享過往回收的經驗	Poll Ev 問題
10 分鐘	**講解考察** 工作員派發地圖及任務指引，講解考察分流安排。			6.2 地圖

F6.0 備課活動：「家居垃圾大搜查」問卷

● 事先與家人溝通如何收集家居垃圾，包括廚餘

● 活動期間，注意衛生，有需要可用乳膠或勞工手套，活動後記得洗手

● 用過的衛生紙要分開；若有玻璃等易碎物，宜小心輕放及處理

6.0.1 家庭人均垃圾製造量

任務	社區觀察手法	Google 題型
1. 家中的人數： ○1　○2　○3　○4　○5　○6　○7	▦ 數	Linear Scale
2. 收集垃圾的日數： ○1　○2　○3　○4　○5　○6　○7	▦ 數	Linear Scale
3. 所有垃圾的總重量（公斤）	▦ 數	Short Answer
4. 人均製造垃圾（公斤／人） （3）÷（2）÷（1）=	▦ 數	Short Answer

6.0.2 按分類記錄有何垃圾

任務	社區觀察手法	Google 題型
1. 可回收：	◉ 睇（眼）	Paragraph
2. 可再用：	◉ 睇（眼）	Paragraph
3. 用完即棄：	◉ 睇（眼）	Paragraph
4. 不可回收：	◉ 睇（眼）	Paragraph

6.0.3 請找出最近住所的回收箱

任務	社區觀察手法	Google 題型
1. 由住所到最近的三色回收箱所需時間（分鐘）	▦ 數	Short Answer
2. 三色回收箱的位置（可選多個）： □近後樓梯　□電梯旁　□大廈門口外　□其他：_____	◉ 睇（眼）	Checkboxes
3. 回收箱內的廢物全是回收箱所標示的類別嗎？ ○是　　　○不是	◉ 睇（眼）	Multiple Choice
4. 請填寫不屬於該回收類別的其他廢物	✋ 睇（手）	Short Answer
5. 除三色回收箱外，你住所附近有沒有其他類型的回收箱？	◉ 睇（眼）	Short Answer

變奏：可以請參加者每天拍下家居垃圾（一星期），在課堂上分享（提醒參加者先分類，再拍照，會較容易在活動期間觀察及帶出討論）。

F6.2 考察地圖

掃描以下 QR 碼，再用 Google 地圖打開，用導航功能找出以下地點：

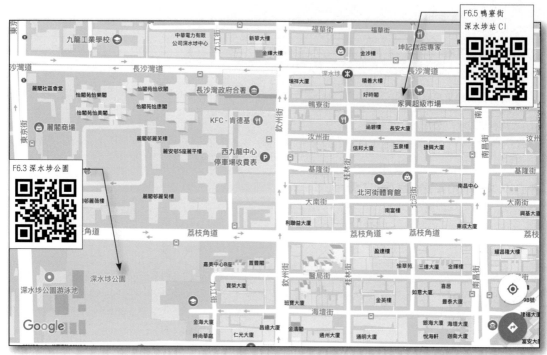

地圖資料 ©2017 Google

規則：

1. 全組共同進退，在限時內完成各項任務；

2. 請按指定時間：＿＿＿＿＿，返回集合地點；

3. 由於考察位於繁忙街道，建議把參加者分流至不同地點來考察，以免阻塞街道。

F6.3 公園垃圾桶逐個捉

📍深水埗公園

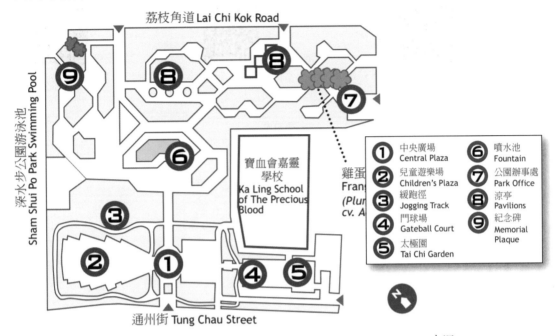

來源：goo.gl/DeZCe4

香港發展局 綠化、園境及樹木管理組

6.3.1 全組任務，請在以上平面圖：

1. 畫綠點 ● 標示垃圾桶位置，總數目：＿＿＿＿＿＿

2. 畫藍星 ★ 標示回收箱位置，總數目：＿＿＿＿＿＿

3. 畫紅線——標示距離最短的兩個垃圾桶之距離（米），並以拍照記錄那兩個垃圾桶。

6.3.2 個人任務

每位組員選一個垃圾桶／回收箱，並用手機打開 Google 表格來完成觀察任務：

任務	社區觀察手法	Google 題型
1. 滿溢程度： ○1　○2　○3　○4　○5 全滿	🖽 數	Linear Scale
2. 如少於 3，可試試問問清潔工人，是否剛清理過？	💬 問	Multiple Choice
3. 問問他們，平日與假期的垃圾量如何？	💬 問	Short Answer
4. 問問他們，這處垃圾桶的設計有多方便倒垃圾？ ○1　○2　○3　○4　○5 十分方便	💬 問	Linear Scale
5. 記下垃圾桶內看到的可回收垃圾	👁 睇（眼）	Paragraph

F6.4「尋找回收箱的故事」工作紙

📍 由深水埗公園出發,每組經以下其中一個地點前往深水埗港鐵站 C1 近鴨寮街的出口

○西九龍中心 ○北河街街市 ○麗安邨

在限時內,全組合力把袋內的所有垃圾放進適當的垃圾桶/回收箱,把情況記錄於下表,並用手機拍下不完善或不妥當的事物。*

廢物類型	成功回收 (✓)	使用率 如:使用量? 有雜物在其中? 請填色	設計 如:高度? 箱口設計? 圖示方便你分類?	位置 如:人流如何? 是否便於使用?
社區觀察手法	✋ 睇(手)	▦ 數	👁 睇(眼)	▦ 數
膠樽		☆ ☆ ☆ ☆ ☆		
咖啡罐		☆ ☆ ☆ ☆ ☆		
「有窗口」信封		☆ ☆ ☆ ☆ ☆		
舊 CD		☆ ☆ ☆ ☆ ☆		
電芯		☆ ☆ ☆ ☆ ☆		
膠袋		☆ ☆ ☆ ☆ ☆		
紙包飲品盒		☆ ☆ ☆ ☆ ☆		
玻璃樽		☆ ☆ ☆ ☆ ☆		
紙巾		☆ ☆ ☆ ☆ ☆		
舊衣		☆ ☆ ☆ ☆ ☆		

* 可下載「咪嘥嘢」(Waste Less) 應用程式協助,搜尋回收點,找尋活動範圍內的回收箱

F6.5 電子產品回收行業

6.5.1 街坊訪問

任務	社區觀察手法	Google 題型
1. 你之前使用的一部手機用了多久？ ○ 0.5 年　○ 1 年　○ 1.5 年　○ 2 年　○ 2 年或以上	💬 問	Multiple Choice
2. 為何更換現時的手機？	💬 問	Short Answer
3. 舊的手機如何處理？ ○ 棄置　　○ 轉贈別人　　○ 轉售　　○ 其他：_____	💬 問	Multiple Choice
4. 你現時的手機是甚麼品牌及型號？	💬 問	Short Answer
5. 你現時的手機的來源？ ○ 新機　　○ 別人轉贈　　○ 二手　　○ 其他：_____	💬 問	Multiple Choice

6.5.2 電子雜貨街多面體

在下午，分組到以下地點的檔舖（包括：店舖 / 小檔 / 地攤），利用 Google 表單完成以下任務：

📍 · 組別 1：由鴨寮街出發，經桂林街轉入基隆街，以欽州街為終點 goo.gl/zqiGr9

　· 組別 2：由南昌街出發，經海壇街步行至欽州街 goo.gl/oYveyc

　· 組別 3：由南昌街出發，經鴨寮街步行至欽州街 goo.gl/hefZRB

任務	社區觀察手法	Google 題型
1. 數算街道上有多少間提供以下服務的檔舖 　　　　　　　　　　1　2　3　4　5　6　7　8　9　10+ 售賣可再用二手商品　○ ○ ○ ○ ○ ○ ○ ○ ○ ○ 售賣電子廢物　　　　○ ○ ○ ○ ○ ○ ○ ○ ○ ○ 收購二手商品　　　　○ ○ ○ ○ ○ ○ ○ ○ ○ ○	🔢 數	Multiple Choice Grid
2. 記下一件令你最感意外的電子 / 電器產品	👁 睇（眼）	Short Answer
3. 站在售賣舊款電子產品或手機檔舖附近 10 分鐘，數算非華裔顧客的數目 ▼ 1　▼ 2　▼ 3　▼ 4　▼ 5　▼ 6　▼ 7　▼ 8　▼ 9　▼ 10+	🔢 數	Dropdown
4. 拍照：請商販在檔舖找出及介紹一個在 20 年前（約 1997 年）出現的電子 / 電器商品	💬 問	File Upload

6.5.3 電子回收商販訪問

問題	社區觀察手法	Google 題型
1. 你會回購甚麼類型的手機產品？ □手機　　□充電池　　□其他：____	💬 問	Checkboxes
2. 你會回購甚麼類型的家居電器？ □冷氣機　□雪櫃　□洗衣機　□電風扇　□其他：____	💬 問	Checkboxes
3. 你會回購甚麼類型的影音電器？ □影音產品　　　□舊式電視　　□LED電視　　□錄影機 □光碟機　　　　□攝錄機　　　□數碼相機　　□其他：____	💬 問	Checkboxes
4. 你會回購甚麼類型的電腦產品？ □電腦主機　□螢光幕　□平板　□手提電腦　□其他：____	💬 問	Checkboxes
5. 你通常會回購簇新程度如何的物品？ ○1　○2　○3　○4　○5全新	💬 問	Linear Scale
6. 顧客購買二手商品多數有何目的？ ○翻新再出售　○拆件再組合　○抽取零件　○其他：____	💬 問	Multiple Choice
7. 非華裔顧客購買二手商品有何目的？ ○帶到海外使用　　○海外批發　　○其他：____	💬 問	Multiple Choice
8. 這些物品通常會流轉到甚麼地方？ □內地　□亞洲其他地區　□非洲　□其他：____	💬 問	Checkboxes
9. 回收業在這10年間的蛻變，回收量的業績如何？	💬 問	Short Answer

6.5.4 訪問一位曾經進入二手檔舖 * 的非華裔人士 ^

問題	社區觀察手法	Google 題型
1. 你來自哪一個國家／地區？Where do you come from?	💬 問	Short Answer
2. 你有多常來鴨寮街？How often do you come here? ○每日（Per Day）　　　○每幾日（Per Few days） ○每周（Per week）　　　○每月（Per Month）	💬 問	Multiple Choice
3. 你今次來鴨寮街的目的是甚麼？Why do you come here? ○採購商品（Purchasing）　　○觀光（Sightseeting）（問卷完） ○其他：____	💬 問	Multiple Choice
4. 你想購買甚麼電子產品？What products would you like to buy？	💬 問	Short Answer
5. 你購買電子產品的數量？How many products did/will you buy？	💬 問	Short Answer
6. 你為何購買這些產品？Why do you buy these products? ○自用（For self）　　　　○入貨轉售（For sales） ○手信／送禮（As gifts）　　○其他：____	💬 問	Multiple Choice
7. 你如何得知鴨寮街？How do you know Apliu Street?	💬 問	Short Answer

* 部份檔舖經營的年期很短，而且不少更是由內地人或南亞裔商人士擁有，參加者要有心理準備訪問的機會會較難。

^ 非華裔受訪者或會對訪問有戒心，宜提醒參加者要先跟受訪者道明來意，並不宜拍照，以示尊重。

F6.6 反思帶領指引

時間	程序 / 形式 / 科技	反思提問	學習要點 / 目標	準備
20 分鐘	**公園垃圾桶逐個捉** 統計在園中垃圾桶的數量並拍下照片，反思垃圾桶的數量和位置如何影響市民拋棄垃圾的習慣。	() 理解：園內有多少個垃圾桶和回收箱？你如何形容這個比例？ () 回憶：在普通垃圾桶內，數算到有多少件可回收的「垃圾」？ () 評鑑：最短距離的垃圾桶有多遠？以康文署 60 米一個為標準，你如何評價垃圾桶的距離？ () 分析：這麼密集的垃圾桶會否令人把回收物拋棄於垃圾桶？大家估計為何香港垃圾桶與人口的比例會高於其他亞洲區內的全球城市？ () 創造：你建議園內的垃圾桶及回收設施的位置和配套可怎樣改善來加強減廢的效果？	# 減廢 #3R/4R/5R 可持續發展	- 投影 Google 表格的回覆摘要版面
20 分鐘	**R30. 相‧聯想** 參加者把從「尋找回收箱的故事」拍下之不妥當的回收箱上載至 Padlet 並講述它們的使用情況；全體組員可票選最好和最差的回收箱，並在留言中加上建議。	() 回憶：在途上你們見到多少個普通垃圾桶？回收過程中遇到哪些困難？你曾把可回收的物件丟進回收箱 / 垃圾桶嗎？為甚麼？ () 評鑑：垃圾 / 回收箱的位置方便嗎？ () 分析：猜一猜甚麼因素決定回收箱的擺放位置？ () 創造：你對回收箱的設計和位置有何建議？	# 公共衛生 # 綠色消費 / 綠色生活 # 通用設計 #3R/4R/5R 負責任	- 開設一個 Padlet 牆，上載後再開啟留言功能及 Reaction 功能
20 分鐘	**電子產品回收行業** 綜合參加者對電子廢物的發現，邀請他們分享訪問之重點，以了解電子回收業的運作與發展。	() 理解：看到嶄新的回收品 / 售賣不能使用的電子廢物，你有何感受？ () 應用：大家猜猜未被回收的電子產品 / 垃圾會被送到何處？ () 回憶：檔舖內有多少非華裔顧客可能把香港二手電子商品 / 電子垃圾帶到國外？ () 分析：電子及電器廢物所產生的有毒金屬會如何破壞環境？ () 評鑑：香港在製造及輸出電子垃圾中有何角色 / 責任？ () 創造：作為消費者，你又如何實踐減少電子垃圾的行動？	# 減廢 # 電子污染 / 電子垃圾 #3R/4R/5R # 良心 / 公義 / 責任 / 道德消費 負責任 行動策劃	- 投影 Google 表格的回覆摘要版面

F6.7 在地行動點子

6.7.1 政策倡議：垃圾桶 / 回收箱設計

A.觀看以下 7 個有關垃圾桶設計的短片後，投票選擇你喜歡的 2 款並說明原因

1. 有聲深淵垃圾桶（1 分 26 秒）

2. 懶人牌垃圾桶（1 分 26 秒）

3. 垃圾桶萬花筒（1 分 40 秒）

5. 點唱機垃圾桶（2 分鐘）

6. Party 垃圾桶（2 分 15 秒）

4. 跳舞垃圾桶（2 分鐘）

7. VR（見第三冊）

B.全組一同在 A Web Whiteboard 設計一個時尚又合用的垃圾桶，設計時宜考慮：

- ✓ 垃圾桶的對應目標　　✓ 其功能及特色　　✓ 尺寸
- ✓ 考慮擺放的位置　　　✓ 垃圾桶的命名　　✓ 令工友易於清理

6.7.2 社區教育：社區回收地圖

可檢討「咪嘥嘢」應用程式的不足之處，用 Google Map 製作回收地圖（可包括各類型回收箱、回收地點、私營回收站等），派發予街坊或長貼於大廈當眼處，以及提供一份給環保署參考。

🗁 考察發現

部份屋苑已設有玻璃回收箱

膠樽回收箱內充滿其他雜物

廿年前已出現的錄影機

F7　九龍城區：泰風情

▶ 設計理念及背景

據政府統計處數字，全港約有 1 萬名泰國人，大部份在九龍城區居住、工作及娛樂，該地區已成為「香港小曼谷」。故此，泰國領事館及民間團體常在該區舉辦各類大型活動，令他們更容易融入香港生活。

考察先以衣、食及宗教為目標來尋找他們的蹤影，從景色、聲音、氣味了解泰國人在九龍城的日常生活。九龍城擁有全香港最多泰國雜貨店、餐館、小食攤檔，還有泰式美容院、髮型屋等，此考察路線透過觀察位於鄰近九龍寨城公園的城南道和衙前圍道附近街道，探尋他們的日常生活。

考察路線中包括一些歷史悠久的潮州餐廳，以及傳統麵包店和藥材店。這可追溯到幾百年前中國內地大批潮州移民前往泰國，後來這些人再移居到了香港，帶來了潮州飲食文化和不一樣的生活習慣。因此，考察借此分析九龍城的多元種族文化共融程度。每年 4 月 4 日，民間團體在區內舉辦泰國「潑水節」，內容包括大型巡遊、嘉年華和潑水儀式。本路線 VR 活動就看看當日濃厚的節日氣氛，進一步加深參加者對九龍城及泰國文化的認識。

資料來源：九龍城警區促進種族共融新聞稿、香港旅遊發展局專頁

▶ 學習目標

情境知識概念：＃生活 / 飲食文化　　＃宗教信仰　　＃少數族裔　　＃移民城市　　＃全球城市

世界公民議題：知識（K）——尊重差異：移民 / 多元身份 / 種族及文化、全球化
　　　　　　　　價值（A）——尊重、接納、團結
　　　　　　　　技巧（S）——跨文化理解、溝通技巧

相關學校課程：通識教育——單元 2 今日香港：生活素質、單元 4 全球化
　　　　　　　　生活與社會—— M9 寰宇一家：尊重不同背景的人、M27 全球城市
　　　　　　　　常識——（小三）生活在香港：香港是我家（多元文化）

▶ 建議程序

階段	時間	地點	Wifi	程序	附件	教學策略	工具
導入	15 分鐘	九龍城體育館（建議）	政府	為食九龍城	7.1	備課	Openrice 網頁
	15 分鐘			「泰」知識問答比賽	7.1	遊戲	Kahoot!
	10 分鐘			講解考察	7.2	——	——
考察	45 分鐘	城南道、南角道	Wifi 蛋	F7.3 尋訪泰國文化	7.3	觀察	Google 表格
	45 分鐘	附近泰國菜館	Wifi 蛋	F7.4 泰識食	7.4	觀察 訪問	Google 表格
	45 分鐘	城南道、南角道、龍崗道、打鼓嶺道	Wifi 蛋	F7.5 泰式生活	7.5	觀察	印工作紙
	45 分鐘		Wifi 蛋	F7.6 九龍城之最	7.6	觀察 訪問	Google 表格
反思	20 分鐘	九龍城體育館（建議）	政府	R32. 相片背後	7.7	討論	Google 表格
	30 分鐘			R29. 社區寶圖		討論	Padlet
	20 分鐘			VR 體驗：潑水節	冊三	觀察	VR

▶ 變奏

其他類似及可比較的地點：尖沙咀重慶大廈、金巴利街（韓國街）

▶ 參考資料

▯《東方日報》：九龍城泰社區瀰漫哀傷	⌖goo.gl/RkHGbo
▯ Wet 盡九龍城 弘揚泰文化	⌖50reasons.hk/thai
▯ 民政事務總署：消除一切形式種族歧視國際公約漫畫	⌖goo.gl/yJCkZn
◧ Wet 盡九龍城 弘揚泰文化 —— 泰語老師 Vita	⌖goo.gl/qHGh8m
◧ 我家在香港 II：泰美麗的故事	⌖goo.gl/tFFKZx
◧ 認識泰佛文化 —— 宗教是否導人向善？	⌖goo.gl/U2fm5K

F7.1 導入帶領指引

時間	程序 / 形式 / 科技	反思提問	學習要點 / 目標	準備
15 分鐘	**為食九龍城** 考察開始前,先用五分鐘分組在 Openrice 手機應用程式中找出九龍城區的泰式餐廳總數目,並在眾多餐廳中看看有甚麼泰式食物。	◖〉回憶:九龍城內有多少間泰式餐廳? ◖〉回憶:你留意到常見的泰式食物有甚麼? ◖〉理解:你以往曾否到訪該區的泰式餐廳?經驗如何?	以現時流行本地飲食程式,有趣地導入考察主題,引起學習動機	- 參加者 BYOD
15 分鐘	**「泰」知識問答比賽 ^** 以考察的組別為單位進行問答比賽,考驗參加者對泰國文化習俗的認識。	◖〉分析:你推測九龍城為何有這麼多泰式餐廳?聚居於該區背後的歷史又是如何?	導入考察主題,藉此建立前置知識,提升投入程度	設定 Kahoot!
10 分鐘	**講解考察** 工作員派發地圖及任務指引,講解考察安排。	——	——	7.2 地圖

^「泰」知識問答比賽題目

問題及答案	工作員於每題後補充解說
1. 根據 Openrice 網站,九龍城有多少間泰國餐廳? 30-39、40-49、50-59、60-69	
2. 九龍城對開的啟德,在 1998 年前的土地用途是甚麼? 體育園區、郵輪碼頭、機場、文化藝術區	泰國人之所以會聚居於九龍城,最主要原因是此處交通方便而且接近機場。
3. 九龍城的泰國人在幾百年前來自內地何處? 廣州、上海、福建、潮州	幾百年前,有不少潮州人到了泰國生活,並落地生根,所以現在很多泰國人都有中國人的血統和姓氏。
4. 九龍城每年都會舉辦以下哪種大型泰國節慶? 蒲美蓬紀念日、新年習俗、潑水節、泰語日	對泰國人而言,潑水節相當於中國的農曆新年,寓意「洗舊迎新」,是一個非常重要的傳統節日。
5. 下列哪個團體服務九龍城區的泰國華僑? 宣道會泰人恩福堂、Thai Trade Center Hong Kong、香港泰國婦女會、九龍城浸信會	2010 年 5 月,宣道會泰人恩福堂於九龍城正式成立,服務該區泰國華僑至今已達 7 年。

F7.2 考察地圖

掃描以下 QR 碼，再用 Google 地圖打開，用導航功能找出以下地點：

地圖資料 ©2017 Google

規則：

1. 全組共同進退及注意安全，特別是橫過馬路時；

2. 請按指定時間：_____，返回集合地點；

3. 如遇見另一組已進入某一店舖，可先轉往另一店舖考察，讓該店可繼續營業；

4. 開始前，請自行分工：一位組員用自己的裝置填寫表格，其他組員則負責觀察、帶路及照顧安全，可輪流交換角色。

F7.3 尋訪泰國文化

📍 城南道、南角道

Google 表格：

7.3.1 觀察街道

任務	社區觀察手法	Google 題型
1. 數算街道兩旁： a. 有「泰」字或泰語的雜貨店 b. 有「泰」字或泰語的外賣小食店 c. 放有泰國宗教擺設的商舖	🖾 數 🖾 數 🖾 數	Short Answer Short Answer Short Answer
2. 拍下最中泰 Fusion 的店舖	👁 睇（眼）	File Upload
3. 拍下最具傳統中國文化的店舖	👁 睇（眼）	File Upload
4. 拍下最具東南亞風情的店舖	👁 睇（眼）	File Upload

7.3.2 雜貨店購物任務

選取一間有泰式雜貨的店舖：

題目	社區觀察手法	Google 題型
1. 憑觀察，顧客最多的是甚麼人？ ○華裔人士　　○非華裔人士　　○外地遊客	🖾 數	Multiple Choice
2. 拍下一具從未見過的泰式服飾或擺設	👁 睇（眼）	File Upload
3. 拍下一件加了中文介紹的泰國貨物	👁 睇（眼）	File Upload
4. 拍下一件在此店售賣的本地或中國貨物	👁 睇（眼）	File Upload
5. 請在雜貨店中找出以下商品，並詢問店員該貨品的用途	👁 睇（眼）	Short Answer x 6

答案：

5A. 薄荷鼻劑　　　　　　5B. 爽身粉　　　　　　5C. 紅、黃、綠咖喱粉

5D. 具緩和暗瘡功效的手工梘　　5E. 皇家牌蜂蜜　　5F. 花圈

📁 考察發現

最中泰 Fusion 的店舖　　　　最具東南亞風情的店舖　　　　從未見過的泰式擺設

F7.4 泰識食

📍分組前往其中一間 *：泰仔美食（南角道）、Orange Elephant（啟德道）、友誼泰國菜館（啟德道）

7.4.1 裝潢與環境

題目	社區觀察手法	Google 題型
1. 拍攝一款泰式特色的佈置或擺設	👁 睇（眼）	File Upload
2. 錄下約 20 秒在店內聽到的聲音（如：泰國流行曲或電視節目）	👂 耳（聽）	File Upload

7.4.2 品評泰菜

題目	社區觀察手法	Google 題型
1. 看看餐牌，找一種你未見過的食物或飲品	✋ 睇（手）	Short Answer
2. 點選這個食品或飲品，找兩位代表扮演 Youtuber，拍 1 分鐘的短片分享試食的感受：色（外觀）、香（氣味）、味（口感）	👄 睇（口）👃 睇（鼻）	File Upload
3. 5 分鐘內，觀察顧客通常點選甚麼，並拍下照片	👁 睇（眼）	File Upload

7.4.3 訪問其中一位食客

題目	社區觀察手法	Google 題型
1. 你是泰國人嗎？ ○是　　○不是	💬 問	Multiple Choice
2. 你一星期會來多少次？ ○1　○2　○3　○4　○5　○6　○7	💬 問	Linear Scale
3. 請食客利用以下準則為食物評分（5 分代表最同意） 　　　　　　　1　　2　　3　　4　　5 接近泰國風味　○　○　○　○　○ 接近港人口味　○　○　○　○　○ 偏辣　　　　　○　○　○　○　○ 偏酸　　　　　○　○　○　○　○	💬 問	Multiple Choice Grid

7.4.4 訪問店員

題目	社區觀察手法	Google 題型
1. 餐廳是否自家生意，還是你在此全 / 兼職工作？ ○自家生意　　　○全職僱員　　　○兼職僱員	💬 問	Multiple Choice
2. 在九龍城開店 / 工作的原因（地理、個人、經濟因素）	💬 問	Short Answer
3. 除了飲食業，以往曾從事甚麼職業？	💬 問	Short Answer
4. 你在此工作有甚麼感覺？	💬 問	Short Answer
5. 你認為九龍城曾有甚麼變遷？對你們有甚麼影響？	💬 問	Paragraph

* 請預先致電餐廳安排考察活動

F7.5「泰式生活」工作紙

📍 城南道、南角道、龍崗道、打鼓嶺道一帶

按照任務指示，沿途搜尋及拍攝以下事物，然後將有關照片暫儲在流動裝置。

社區觀察手法：👁 睇（眼）、💬 問

7.5.1 我是泰國遊客

A. 尋找兌換泰幣為港幣店舖

B. 尋找可用泰文諮詢旅遊資訊的社區服務組織

C. 尋找販售回撥泰國長途電話卡店舖

D. 尋找販售潑水節服飾店舖

7.5.2 我是泰國華僑

A. 搜集一張有關參與泰國社群聚會 / 文化活動的單張

B. 搜集出租住宅單位的泰語單張及價錢（提示：賈炳達道 / 衙前圍道的食店外牆）

C. 尋找可進行佛教儀式的宗教場所

D. 尋找售賣泰國佛教祭品店舖

E. 查詢泰式髮型屋價格

F. 查詢泰式按摩或推拿價目表

G. 尋找一間售賣泰式護膚品店舖

-------------------------✂-------------------------✂-------------------------✂-------------------------

📂 考察發現

出租住宅單位的泰語單張

可進行佛教儀式的宗教場所

售賣泰國佛教祭品店舖

F7.6 九龍城之最

Google 表格：

📍 城南道、南角道、龍崗道、打鼓嶺道一帶

請訪問一位區內居民：   社區觀察手法：💬 問

任務	Google 題型
1. 你的出生地是？ ○泰國　　○中國內地　　○香港　　○其他：＿＿	Multiple Choice
2. 你父母的出生地是？ ○泰國　　○中國內地　　○香港　　○其他：＿＿	Multiple Choice
3. 在九龍城區住了多久？ ○ 1-2 年　　　○ 3-5 年　　○ 5 年以上	Multiple Choice
4. 為何定居於此？	Short Answer
5. 你認為九龍城滲入了哪些泰式元素？ （如：飲食 / 宗教 / 生活模式）	Short Answer
6. 有否參與過九龍城潑水節？ ○有　　　○沒有（跳至第 8 題）	Multiple Choice
7. 如有，你對這節慶有甚麼感覺？	Short Answer
8. 潑水節於每年何時舉辦？當中有何相關的活動 / 慶典 / 習俗？有何社會 / 文化意義？	Paragraph
9. 你對九龍城的整體印象如何？(5 分最同意) 　　　　　　　　　　1　　　2　　　3　　　4　　　5 傳統文化　　　　○　　○　　○　　○　　○ 多元文化薈萃　　○　　○　　○　　○　　○ 人情味　　　　　○　　○　　○　　○　　○ 機場交通縮影　　○　　○　　○　　○　　○	Multiple Choice Grid
10. 你認為哪條街道是（見下）的 　　　　　　　　城南道　　南角道　　龍崗道　　打鼓嶺道 最具泰式風情　　○　　　　○　　　　○　　　　○ 最展現宗教融和　○　　　　○　　　　○　　　　○ 最有潮州風味　　○　　　　○　　　　○　　　　○	Multiple Choice Grid

F7.7 反思帶領指引

時間	程序 / 形式 / 科技	反思提問	學習要點 / 目標	準備
20 分鐘	**R32. 相片背後** 展示各組在 Google 表格的回應，播放相片及錄音，即時以提問反思並深化考察經驗。 定出不同標準，投選 XX 之最，再分享在不同店舖內的經歷。	**F7.3 尋訪泰國文化** ◔ 理解：你認為店舖的目標顧客是誰？ ◔ 分析：你最深印象的貨品是甚麼？這件貨品有何泰國特色？ ◔ 應用：你有留意到泰國的朋友如何融入香港的文化 / 生活嗎？ ◔ 分析：此店為何吸引你 / 本地人？ **F7.4 泰識食** ◔ 理解：這些地道口味純正嗎？泰式食物有何特色？ ◔ 應用：這些食物如何遷就香港人的口味？ ◔ 分析：你認為應保留傳統還是遷就本地人的口味？為甚麼？ ◔ 分析：這些餐廳對泰國居民有甚麼意義？ **F7.6 九龍城之最** ◔ 分析：有甚麼因素令多種文化共存於九龍城？ ◔ 評鑑：你覺得本區 / 本港文化有多共融？是好是壞？ ◔ 創造：你自己 / 社會可做甚麼來促進文化共融？	# 生活 / 飲食文化 # 宗教信仰 # 少數族裔 # 移民城市 尊重差異 全球化 接納 跨文化理解 溝通技巧	- 投影 Google 表格的回覆摘要 - 音響設備
30 分鐘	**R29. 社區寶圖** 擷取考察區的 Google 地圖作 Padlet 牆的背景，每組把 F7.5 泰式生活中最多 3 張照片上載至此，並放在地圖上相應位置。 （範圍有限，相片太多可以一組開一 Padlet）	◔ 評鑑：這個社區符合「香港小曼谷」的稱號嗎？為甚麼？ ◔ 分析：你認為這個社區有甚麼值得保留 / 傳承的地方？為甚麼？ ◔ 分析：社會 / 政府對該區泰國居民有甚麼支援？足夠嗎？ ◔ 創造：社會又可多做些甚麼來為該區泰國居民保存文化？ ** 最後可打開 Reaction 功能，用 Rate 進行投票	# 生活 / 飲食文化 # 宗教信仰 # 少數族裔 # 全球城市 尊重差異 團結	- Padlet x 組別數量（擷取考察範圍的 Google 地圖作背景）

F8 黃大仙區：膠袋、膠樽與減廢

▶ 設計理念及背景

膠製品（包括：膠袋）是其中一種普遍的都市固體廢物，政府正透過減廢政策盡量從源頭減少廢物。使用瓶裝水對環境有極大的影響，要付出沉重的代價，生產一公升的瓶裝水需要用掉五公升的水，而盛載的膠瓶在製作及運輸過程中產生大量碳排放；由於膠製品難以分解，所以會縮短堆填區的壽命。

在導入時，先引導參加者思考自己使用水樽的習慣，並嘗試在市區中找尋免費食水，以減少（Reduce）廢物。同時，考察附近超級市場售賣的樽裝水，比較它們的款式及包裝，評估哪些商品有過度包裝的情況，並以消費者的角度反思購物對環境造成的影響，從而為環保盡一點責任。

政府於 2009 年開始，規定大型連鎖零售店開展膠袋徵費，至 2015 年開展第二階段徵費，影響遍及每位消費者及商店，以鼓勵市民重用（Re-use）環保購物袋。本次考察的參加者會在超級市場觀察顧客使用購物袋的情況、售賣膠袋的商店，從而了解徵費後的情況，以及市民和商戶對政策的意見。最後，參加者也會到連鎖快餐店評估食物會否過度包裝。

資料來源：塑膠購物袋環保徵費計劃（環境保護署）、綠田園基金會《瓶裝水背後的真相》

▶ 學習目標

情境知識概念：# 綠色生活　　# 保護環境 / 善用地球資源　　#3R/4R/5R
　　　　　　　　# 地球友好　　# 責任 / 道德消費　　# 過度包裝

世界公民議題：知識（K）——可持續發展
　　　　　　　　價值（A）——負責任
　　　　　　　　技巧（S）——共同合作、集體行動

相關學校課程：通識教育——單元 2 今日香港：生活素質、單元 6 能源科技與環境
　　　　　　　　生活與社會—— M11 明智消費：明智消費者的責任、M29 世界公民與人道工作
　　　　　　　　常識——（小三）健康的生活：環保生活、（小五）大地寶庫：節約能源
　　　　　　　　　　　　（小六）環境與生活：適者生存

▶ 建議程序

階段	時間	地點	Wifi	程序	附件	教學策略	工具
導入	15 分鐘	中心 / 學校	政府	飲水習慣	8.1	分析	Poll Ev
	15 分鐘			PET 問答比賽	8.1	討論	Kahoot
	10 分鐘			講解考察	8.2		
考察	15 分鐘	新蒲崗	自備	F8.3 城中撲水	8.3	模擬	印工作紙
	20 分鐘	爵祿街 / 崇齡街超市	自備	F8.4 偵查樽裝水	8.4	觀察	印工作紙
	15 分鐘		自備	F8.5 多付五毫	8.5	觀察	Google 表格
	20 分鐘		自備	F8.6 膠袋徵費民調	8.6	訪問	Google 表格
	20 分鐘	明興膠袋	自備	F8.7 探查膠袋零售商	8.7	觀察 / 訪問	Google 表格
	30 分鐘	越秀廣場	麥當勞	F8.8 食物包裝解構	8.8	觀察	Google 表格
反思	20 分鐘	8.8 之連鎖快餐店	政府	R40. 四格漫畫	8.9	分析	Padlet
	20 分鐘			膠袋徵費有效嗎？	8.9	討論	Google 表格
	20 分鐘			食物包裝解構	8.9	分析	Google 表格
行動	兩星期	N/A	N/A	F8.10 一個膠袋的新生	8.10	服務學習	Seesaw

▶ 變奏

● 活動當日會有大量的參加者進入超市，必然引起職員的注意，這視乎工作員的安排，如有相熟及已建立關係的超市，則可安排一同考察，否則可安排參加者以家課方式個別到超市完成任務；

● 建議參加者自備水樽完成「城中找飲用水」任務，並帶備一隻可再用的膠杯；

● 其他類似及可比較的地點：上環蘇杭街、深水埗汝洲街。

▶ 參考資料

▢ 綠色和平：減塑生活，由您做起！	⤴goo.gl/cwFBG4
▢ 《明報》副刊：健康與環保（六）重用膠水樽 小心傷身	⤴goo.gl/8QyhLu
▢ 全城走塑大行動專頁	⤴goo.gl/u6SbZA
🎬 政府新聞處：膠袋收費計劃全面實施	⤴goo.gl/HgC8zu
🎬 《視點 31》膠袋全面徵費	⤴goo.gl/TYz6iQ
🎬 《香港 01》：自攜杯大作戰　McCafe、肯德基實地衝關	⤴goo.gl/1vSp2W

F8.1 導入帶領指引

時間	程序 / 形式 / 科技	反思提問	學習要點 / 目標	準備
10 分鐘	**飲水習慣** 1.〔Q&A〕你每天約飲用平均多少毫升的水？ 2.〔Rank Order〕由高至低排列，顯示你過去一周常用飲品的來源？ ≡ 自來水 ≡ 家居外免費水機 ≡ 家中外購食水 ≡ 餐廳杯裝飲品 ≡ 樽裝 / 罐裝 / 紙包飲品 3.〔MC〕你平日有沒有自備水樽的習慣？ ○有 ○沒有	☺ 理解（Understand）：你外出時多數是自備水還是購買飲品？為何有這選擇？ ☺ 應用（Apply）：你購買飲品時有何考慮？ ☺ 分析（Analyze）：樽裝水的包裝對環境有何影響？	回顧過去飲水的習慣，思考使用即棄水樽對環境的影響	Poll Ev 問題
20 分鐘	**PET 問答比賽** 見下表 ^，每題再作解說	☺ 應用（Apply）：你知道樽裝水對環境的影響後，你的生活習慣可有改變？	讓參加者對水樽及塑膠有更多認識	設定 Kahoot
10 分鐘	**講解考察** 工作員派發地圖，講解考察安排。			8.2 地圖

^PET 問答比賽題目：　　　　　　　　　　　　　　　資料來源：食物安全中心 ♘goo.gl/BEZmwq

問題及答案	工作員於每題後補充解説
1. 以下哪種物質是用來製造用完即棄的水樽或飲料樽？ 聚丙烯（PP）、聚苯二甲酸乙二醇酯（PET/PETE）、高密度聚乙烯（HDPE）、聚氯乙烯（PVC）	用完即棄的水樽一般都以一種名為聚苯二甲酸乙二醇酯（PET 或 PETE）的塑膠製造
2. 環保署指 2015 年有多少個 PET 膠樽棄於堆填區？ 50 萬、500 萬、5000 萬、5 億	
3. 膠樽在海中要多少年才可分解？ 1 年、4 年、45 年、450 年	
4. 膠樽印有一個以箭咀組成的三角形標誌，三角形裏面哪個數目字是代表 PET 產品？ 1、2、3、4	「1」為一般 PET 膠樽、「2」為耐熱的膠，如回收桶、「3」為 PVC，例如：膠水管，尚有 4、5、6、7
5. 重用 PET 塑膠樽會有何健康風險？ 細菌滋生、氧化、釋出重金屬銻	塑膠的化學物遷移受溫度和時間影響，但細菌和真菌會在樽內潮濕的環境下滋生
6. PET 膠樽的熔點為攝氏？ 50 度、60 度、70 度、80 度	用完即棄的 PET 膠樽不適宜盛載熱飲，否則會變形
7. PET 膠樽含哪種對人體有害的毒素？ 二噁英、塑化添加劑、致癌物質 DEHA、以上皆否	製造 PET 並不需要 DEHP 和 DEHA，現時沒有科學證據顯示 PET 膠樽含有二噁英

F8.2 考察地圖

掃描以下 QR 碼,再用 Google 地圖打開,用導航功能找出以下地點:

地圖資料 ©2017 Google

規則:

1. 全組利用指定活動的 Google 表格 QR 碼完成考察;

2. 組員共同進退及注意安全;

3. 請按指定時間:_____,返回集合地點。

F8.3「城中撲水」工作紙

每組代入以下其中一個角色,在社區裏尋找免費的水源,並在過程中拍下所遇到的一些困難或特別的遭遇:

1. 野餐的媽媽,需要熱水沖製奶粉給女兒

2. 運動員在籃球比賽想喝冰水降溫

3. 氣管敏感的長者要完太極後需要飲一些暖水

4. 學生午膳後返校途中需載滿水樽

⇩ 如有需要,可在手機下載「撲水(Water for Free)香港水機地圖」手機應用程式:

Android

iOS

網頁版

waterforfree.org

F8.4「偵查樽裝水」工作紙

請分配不同組員用自己的手機完成以下的任務，其他組員可帶路及照顧安全。

📍請到以下考察地點完成觀察任務，並拍下照片：

1. 百佳超級市場──爵祿街康景樓 1/F（goo.gl/maps/RHSKy78Wb5Q2）

2. 惠康超級市場──崇齡街 2 號（goo.gl/maps/FDej1AsQjYz）

3. 華潤萬家便利超市──爵祿街 36 號（goo.gl/maps/wcLQpGpdAzR2）

任務	社區觀察手法	手機記錄
1. 拍下最便宜樽裝水的標籤和包裝（每 100 毫升） 　（附加相中沒有的資料：品牌、價錢、容量、最獨有的成份）	👁 睇（眼）	拍照
2. 拍下最昂貴樽裝水的標籤和包裝（每 100 毫升） 　（附加相中沒有的資料：品牌、價錢、容量、最獨有的成份）	👁 睇（眼）	拍照
3. 拍下最多包裝的樽裝水 　（加以說明售價、最獨有的成份、包裝設計和文字訊息）	👁 睇（眼）	拍照
4. 拍下最少包裝的樽裝水 　（加以說明售價、最獨有的成份、包裝設計和文字訊息）	👁 睇（眼）	拍照
5. 拍下一款附有環境保護訊息的樽裝水	👁 睇（眼）	拍照

✂------------------------✂------------------------✂------------------------

📂 **考察發現**

最多包裝的樽裝水

最少包裝的樽裝水：
只有兩張貼紙

由再生塑膠製造的水樽及
呼籲人放入回收筒的環保訊息

F8.5 多付五毫

○**百佳超級市場**──爵祿街康景樓 1/F

○**惠康超級市場**──崇齡街 2 號

○**華潤萬家便利超市**──爵祿街 36 號

請在兩個不同的時段，到同一間超級市場門口逗留 10 分鐘，於 Google 表格完成以下任務記錄。

任務	社區觀察手法	Google 題型
1. 時間	☒ 數	Time
2. 數算顧客自備購物袋的情況	☒ 數	Multiple Choice Grid

	0	1	2	3	4	5	6	7	8	9	10+
自備購物袋	○	○	○	○	○	○	○	○	○	○	○
索取手挽膠袋	○	○	○	○	○	○	○	○	○	○	○
索取透明膠袋	○	○	○	○	○	○	○	○	○	○	○
再用膠袋	○	○	○	○	○	○	○	○	○	○	○
紙袋	○	○	○	○	○	○	○	○	○	○	○

F8.6 膠袋徵費民調

在上述超市門外

訪問 1-2 位市民，了解他們對膠袋徵費的看法，並記錄在 Google 表格上

社區觀察手法：💬 問

受訪者身份：○顧客　　　　○店員　　　　○「非連鎖零售店」店舖東主

問題	Google 題型
1. 你平均每日使用多少膠袋？ ▼ 0 ▼ 1 ▼ 2 ▼ 3 ▼ 4 ▼ 5+	Dropdown
2. 你有否隨身自備環保袋？ ○有　　　　○沒有	Multiple Choice
3. 簡述一個令你自備 / 不自備環保袋的原因	Short Answer
4. 你對膠袋徵費有多少認識？ 　　　　　　　　　　　　　　　　　　　　知道 A. 每膠袋收費　　　　　　　　　　　　　○ B. 舉出 2 款豁免徵費的商品　　　　　　　○ C. 舉出 2 類徵費涵蓋的商戶　　　　　　　○ D. 賣方的責任　　　　　　　　　　　　　○ E. 罰則　　　　　　　　　　　　　　　　○	Multiple Choice Grid
5. 膠袋徵費對你有何影響？	Short Answer
6. 你有多支持膠袋徵費？ 不支持 ○ 1 ○ 2 ○ 3 ○ 4 ○ 5 支持	Linear Scale
7. 支持 / 反對原因：	Short Answer

資料來源：🔗goo.gl/RMM9nM

F8.7 探查膠袋零售商

📍明興膠袋公司（大有街 36 號地下）

用文字、圖畫或照片記錄店舖的特色，並訪問：

○顧客　　　　○「非連鎖零售店」店舖東主　　　　○店員

任務	社區觀察手法	Google 題型
1. 了解店舖售賣哪些種類的膠袋	💬 問	Short Answer
2. 了解店舖售賣哪些非膠袋類的商品	💬 問	Short Answer
3. 了解哪些膠袋較符合環保標準 （三類環保塑膠包括「可生物降解塑料」、「可堆肥塑料」和「可氧化生物降解塑料」）	💬 問	Short Answer
4. 拍下最受歡迎的膠袋商品	👁 睇（眼）	File Upload
5. 站在門口觀察並留意主要的顧客 　　　　0　1　2　3　4　5　6　7　8　9　10+ 家務料理者　○　○　○　○　○　○　○　○　○　○　○ 商販　　　　○　○　○　○　○　○　○　○　○　○　○ 其他　　　　○　○　○　○　○　○　○　○　○　○　○	▦ 數	Multiple Choice Grid
6. 描述膠袋徵費對生意的影響（錄下 30 秒説話）	💬 問	File Upload

F8.8 食物包裝解構

請到以下其中一個地點逗留 15 分鐘，並用 Google 表格完成以下任務

📍○麥當勞──寧遠街越秀廣場地面　　　　○肯德基──寧遠街越秀廣場 1 樓

任務	社區觀察手法	Google 題型
1. 繞場一周，數數餐廳內有多人在使用膠飲管	▦ 數	Short Answer
2. 拍下一款最喜歡的套餐，用 PhotoGrid 程式協助，以紅筆畫出那些會變成多餘垃圾的餐具/包裝	👁 睇（眼）	Short Answer
3. 如你是一位支持環保的店東，你對選用那些再用的餐具/包裝有何建議？	👁 睇（眼）	Short Answer
4. 購買飲品時告知店員用自備膠杯，看看能否成功 ○成功　　　○不成功	💬 問	Multiple Choice
5. 如不成功，記下店員的回應/嘗試了解拒絕的原因	💬 問	Short Answer
6. 請找出一些關於環保的單張、包裝或文字，拍下其重點訊息	👁 睇（眼）	File Upload

F8.9 反思帶領指引

時間	程序 / 形式 / 科技	反思提問	學習要點 / 目標	準備
20 分鐘	**R40. 四格漫畫** 邀請參加者從關於水和膠樽的任務（F8.3、8.4）拍下的照片中，選出四張為寶、趣、讚、彈，然後用 PhotoGrid 製作為四格漫畫，再展示出來，以討論樽裝水及自備水樽的抉擇	☉ 理解：你對超市樽裝水有甚麼新的發現？ ☉ 分析：樽裝水有何包裝是多餘的？對環境有何影響？ ☉ 應用：為何自備水樽會凸顯對環保的責任？對消費者有何影響？你自己有何選擇？ ☉ 評鑑：自備水樽攜帶方便嗎？ ☉ 創造：你建議政府推出甚麼方案去鼓勵市民自備水樽？	# 過度包裝 # 水資源 # 綠色生活 # 責任 / 道德消費 可持續發展負責任	- 開設一個 Padlet
20 分鐘	**膠袋徵費有用嗎？** 展示 F8.5、F8.6 及 F8.7 的 Google 表格數據，思考膠袋徵費對市民大眾的影響及減廢的成效	☉ 理解：自備環保袋 / 索取膠袋的人口比例有何不同？可有發現甚麼特別的現象？ ☉ 分析：商戶有多贊成 / 反對膠袋徵費？原因為何以及有何影響？ ☉ 分析：為何市民自備環保袋？ ☉ 評鑑：你認為膠袋徵費對市民減用膠袋有多大效用？	# 保護環境 / 善用地球資源 #3R/4R/5R # 責任 / 道德消費 可持續發展負責任	- 投影 Google 表格的回覆摘要版面
20 分鐘	**食物包裝解構** 邀請參加者分享及展示食品的包裝，反思消費者的社會責任	☉ 理解：有多少人使用膠飲管？ ☉ 評鑑：你認為快餐店的食物 / 飲品有否過度包裝？為何會這樣包裝？ ☉ 分析：這包裝對環境有何影響？ ☉ 應用：有甚麼包裝可省卻？ ☉ 分析：為何麥當勞會強調自己對環保 / 地球的責任？	# 責任 / 道德消費 # 過度包裝 可持續發展負責任	同上

F8.10 在地行動點子：「一個膠袋的新生」社區教育

先思考平日生活遇到的其中一個膠袋，由你手上接收到丟棄的一刻經歷了甚麼過程？

	原本的一生	為延長其生命，請重寫一個新的故事
1. 膠袋的顏色和外貌		
2. 購買地點 / 裝著甚麼		
3.		
4.		
5.		

把新的故事，用 SeeSaw 的 Drawing 及錄音功能，製作一個 Screen-casting（見 R39. 畫圖說故事），並上載至社交媒體，分享給朋友及家人觀看。

反思問題：☉ 你創作時考慮了甚麼？有甚麼因素令人保留或丟棄膠袋？

　　　　　☉ 作為一個負責任的消費者，在使用膠袋時有甚麼要注意？

F9 觀塘區：永續與責任消費

鳴謝：香港公平貿易聯盟提供意見

▶設計理念及背景

超級市場是全球化的產物。超級市場強調其貨品來自全球各地，而當顧客在超市購買貨品，便是參與了全球化經濟活動。不過，過程中除了金錢交易外，亦涉及公平貿易、可持續發展等全球議題。

消費者委員會發表的可持續消費研究報告顯示消費者對可持續消費有高度認知，但行動不足；又較少選購一般價格較高的環保標籤產品。故此，活動延伸至從消費者角度，分析選購商品（特別是食品）時的考慮因素，並反思可持續消費對個人及社會的關連和重要性。當中包括訪問超市內的顧客，了解食物包裝資訊、價格、質素及社會責任對消費者的影響，同時也會比對社企營運的超市的貨物標示及顧客來源。

商界有責任提供精確及可信賴的綠色選擇資訊，這能喚起更多消費者注意保護環境。考察也包括訪查個人護理產品門市如何宣傳有關的訊息，帶動參加者實踐可持續消費模式。考察完畢後，讓參加者反思物質消費所帶來的滿足感和保護自然環境的滿足之間的關連以及如何作出取捨，以令參加者在未來消費時，除價格、外觀、功能等因素外，也有可持續發展觀，進而改變消費模式。

資料來源：消費者委員會可持續消費研究、消費者委員會良好企業社會責任指引

▶學習目標

情境知識概念：#綠色生活　#動物權益　#消費者／社會責任　#保護環境／善用地球資源
　　　　　　　　#地球友好　#可持續消費　#公平貿易　#良心／公義／責任／道德消費

世界公民議題：知識（K）——全球化、可持續發展
　　　　　　　　價值（A）——負責任
　　　　　　　　技巧（S）——批判思考、行動策劃

相關學校課程：通識教育——單元4全球化、單元6能源科技與環境
　　　　　　　　生活與社會——M11明智消費：明智消費者的責任、M19世界貿易：公平貿易
　　　　　　　　常識——（小三）生活在香港：我們的社區生活、（小五）新時代的發展：香港經濟

▶ 建議程序

階段	時間	地點	Wifi	程序	附件	教學策略	工具
導入	20 分鐘	中心 / 學校	中心 / 學校	試食會	9.1	討論	食物
	10 分鐘			講解考察	9.2		
考察	15 分鐘	APM LG 層 一田超市 / 綠惜超市	APM	F9.3 聯合國超市	9.3	觀察	印工作紙 Google 地圖
	20 分鐘		APM	F9.4 尋找食物標籤	9.4	觀察	Padlet
	15 分鐘		APM	F9.5 當消費者遇上食物標籤	9.5	訪問	Google 表格
	20 分鐘	APM UC 及 C 層	APM	F9.6 良心店舖	9.6	觀察	Google 表格
反思	20 分鐘	中心 / 學校	中心 / 學校	R18. 統計地圖	9.7	討論	Google 地圖
	45 分鐘			回顧 Google 表格回應及 Padlet 數據	9.7	創作 / 分析	Padlet Google 表格
行動	兩星期	N/A	N/A	9.8.1 商品背後的故事	9.8	研習	PPT
				9.8.2 做個責任消費者	9.8	服務學習	指引
				9.8.3 保護動物的消費	9.8		指引

▶ 變奏

● 如有大量參加者進入超市，必然引起職員的注意。工作員可預早聯絡相熟的超市，才安排全體參加者入內。否則可安排他們以家課方式到不同的超市進行本章的學習活動。

● 聯絡舉辦類似考察之組織（如：香港公平貿易聯盟）到校舉辦試食及小農處境遊戲。

● 到其他類似及可比較的地點進行考察，以大型超市如一田、Aeon、CitySuper、MarketPlace 或 Taste 為宜

地區	商場
油尖旺區	海港城、朗豪坊
西貢區	東港城
沙田區	新城市廣場

▶ 參考資料

- 教育局：在香港推行可持續發展教育——企業社會責任　goo.gl/ztCs9k
- 消費者委員會：可持續消費研究　goo.gl/nJDPTs
- 食物安全中心：基因改造食物　goo.gl/nWGwtw
- 嘉道理農場暨植物園：低碳食物選擇　goo.gl/bPPiQa
- 可持續發展委員會：生物資源識取惜用專頁　goo.gl/LGF9Nc
- 《蘋果日報》：拒動物測試化妝品　goo.gl/nJxZ2e
- 香港樂施會：50 大藍籌企業社會責任表現　goo.gl/aop8nr
- 瑞秋・舒曼、威廉・孟若《把「吃什麼」的權力要回來：掰掰孟山都，世界公民的糧食覺醒運動》

F9.1 導入帶領指引

時間	程序 / 形式 / 科技	反思提問	學習要點 / 目標	準備
20 分鐘	**試食會** 提供兩種食物（如：曲奇餅、杏桃乾），每種食物有兩款，其中一款是公平貿易產品。 請參加者從外觀 / 大小、顏色、香氣、口感 / 味道作評審，並猜測哪一款是公平貿易的產品及其售價。	✆ 理解：公平貿易生產出來的食物有甚麼共通點？ ✆ 分析：為何同一款食物，產品價格分別會這麼大？ ✆ 分析：公平貿易是甚麼？ ✆ 應用：對我們消費模式有何提醒？	反思消費者對社會的責任	準備食物
10 分鐘	**講解考察** 工作員派發地圖及任務指引，講解考察安排。			9.2 地圖

F9.2 考察地圖

掃描以下 QR 碼，再用 Google 地圖打開，用導航功能找出以下地點：

地圖資料 ©2017 Google

規則：

1. 全組利用指定活動的 Google 表格及 Padlet QR 碼完成各個考察；

2. 組員共同進退及注意安全；

3. 請按指定時間：＿＿＿＿＿＿＿，返回集合地點。

F9.3「聯合國超市」工作紙

社區觀察手法：👁 睇（眼）　　流動電子工具：Google 地圖

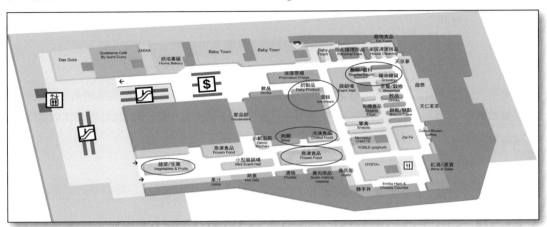

在限時 15 分鐘內，每組以其中一個分類，記下 10 個指定食物的原產地（來源國家 / 地區）

○肉類（牛 / 羊 / 豬 / 雞 / 鴨 / 鵝）　　○冷藏海產類（魚 / 蝦 / 蟹 / 貝殼）

○罐頭類（肉 / 湯 / 豆 / 蔬果）　　　　○糧油雜貨 / 醬料類（油 / 鹽 / 糖 / 香料 / 醬）

○蔬果類（蔬菜 / 生果）　　　　　　　○麵類 / 穀物類（米 / 麵粉 / 麵粉製品）

○奶製品類（鮮奶 / 芝士 / 乳酪 / 牛油）

小提示：

1. 請細心閱讀包裝上的資料及別輕信超市自製的標籤以認清來源地

2. 分工：搜尋標籤、記錄及用 Google 地圖來分辨原產城市或省份所屬的國家

食物名稱（連品牌）	原產地（來源國家 / 地區）
1.	
2.	
3.	
4.	
5.	
6.	
7.	
8.	
9.	
10.	

完成後，在 Google 地圖上，選一個符號代表你所屬的食物分類，再釘上有關國家

於超市內，尋找一件銷售地、原產地和來源地 / 加工地屬於不同國家的食物

（例子：怡園酒莊紅酒：香港銷售、中國釀製、法國波爾多葡萄種）

銷售地：＿＿＿＿＿＿＿＿、原產地：＿＿＿＿＿＿＿＿、來源地：＿＿＿＿＿＿＿＿

F9.4「尋找食物標籤」工作紙

社區觀察手法：👁 睇（眼）　　流動電子工具：Padlet（照片及文字）

📍○ APM 之一田超市　　　○ GreenPrice 綠惜超級市場

每位組員負責一個標籤，找出並拍下一個含有及一個沒有以下標籤的食品包裝連標籤（兩者容量或成份須相若），通過 QR Code 把照片上載至指定的 Padlet 牆，並在帖子的標題記錄其以下資料：

✓ 價錢及容量或重量（如：$__ / __ 克）

✓ 原產地（來源國家 / 地區）

標籤例子	標籤名稱	詳細資料	Padlet QR 碼
1. FAIRTRADE	公平貿易（Fair Trade）	🔗fairtradehk.org	
2. CERTIFIED	雨林聯盟認證 The Rainforest Alliance Certified Seal	🔗rainforest-alliance.org	
3. USDA ORGANIC	有機產品 Organic	🔗goo.gl/gqqshJ	
4. Dolphin Safe	海豚友善 / 海豚安全 Dolphin Friendly / Dolphin Safe	🔗goo.gl/Mc7ctf	
5. 沒有劃一標籤，多標示文字	非基因改造 （Non GMO）	🔗goo.gl/CJQmSH	

完成後，把兩個食品用「Connect」功能連起來

另外，亦可嘗試找尋：優質、有機、低糖、健康、高纖、低卡等字眼

F9.5 當消費者遇上食物標籤

社區觀察手法：💬 問　　　流動電子工具：Google 表格

📍○ APM 之一田超市　　○ GreenPrice 綠惜超級市場

每組隨機訪問 2 位顧客。若對方不認識標籤，請展示上一任務 Padlet 上不同產品予被訪者，並加以介紹

問題	能否說出標籤的意思？	能否列舉一種有該標籤的產品？	如認識，會否選購有標籤的產品？		
Google 題型	Multiple Choice	Multiple Choice	Linear Scale		
1.	○能　　○否	○能　　○否	絕對不會	1 2 3 4 5 ○ ○ ○ ○ ○	絕對會
2.	○能　　○否	○能　　○否	絕對不會	1 2 3 4 5 ○ ○ ○ ○ ○	絕對會
3.	○能　　○否	○能　　○否	絕對不會	1 2 3 4 5 ○ ○ ○ ○ ○	絕對會
4.	○能　　○否	○能　　○否	絕對不會	1 2 3 4 5 ○ ○ ○ ○ ○	絕對會

問題	答案 / 選項	Google 題型
5. 在購物時，哪三項因素最影響你的選擇？	□價錢　　□安全　　□包裝 □味道　　□環保　　□品牌	Checkboxes
6. 年齡組別	○ <15　○ 15-18　○ 19-22　○ 22-39　○ 40-60　○ >60	Multiple Choice
7. 職業		Short Answer

F9.6 良心店舖

請分配不同組員到以下其中一間商店，並用其手機完成以下的任務，其他人可帶路及照顧安全。

📍 商戶名稱及相關企業責任資訊：

- ○ LUSH（C–17 舖） 🖱goo.gl/wYkoS8
- ○ The Body Shop（UC–30 舖） 🖱goo.gl/Fzobn7
- ○ L'occitane（C–29 舖） 🖱goo.gl/Dsk7fG

任務	社區觀察手法	Google 題型
1. 找一個關注弱勢社群需要的文字、圖片或訊息	👁 睇（眼）	File Upload
2. 找一個關注保護地球環境的文字、圖片或訊息	👁 睇（眼）	File Upload
3. 找一個關注保護動物權益的文字、圖片或訊息	👁 睇（眼）	File Upload
4. 從哪裏找到這上述訊息？ □ 店舖佈置裝潢 □ 產品宣傳單張 * □ 產品標籤 □ 店員介紹 □ 其他：＿＿＿＿＿	👁 睇（眼） ✋ 睇（耳）	Checkboxes
5. 詢問店員：貴公司提供甚麼與環境保育有關活動或計劃給消費者參與？	💬 問	Short Answer

📂 **考察發現**

關注弱勢社群——戰亂兒童慈善計劃

關注保護地球環境的文字

關注保護動物權益——反對動物測試

關注保護動物權益——保護鯊魚

F9.7 反思帶領指引

時間	程序 / 形式 / 科技	反思提問	學習要點 / 目標	準備
20 分鐘	**R18. 統計地圖** 利用地圖統計各類食物的來源地和分佈，認識食物里程及各國在生產食物上的分工，例如：肉類主要來自美洲，而不是非洲，從而思考全球化下的貿易受甚麼政治、經濟和環境因素影響	◌ 回憶：超市內的食物，大多是來自哪些地區？ ◌ 理解：我們從何得知食物的「真正」來源地？ ◌ 應用：當食物的原料、包裝加工和販賣地都不同，代表甚麼現象？ ◌ 分析：不同地區在食物供應上有何角色？為何有這種情況出現？食品供應鏈全球化除了帶來便利 / 選擇外，同時會帶來甚麼後果 / 代價？ ◌ 評鑑：這些標籤如何影響你的購物選擇？	# 地球友好 # 公平貿易 全球化	- 開啟 Google 地圖 及 附件 F9.3「聯合國超市」工作紙
15 分鐘	**尋找食物標籤** 比較有 / 沒有標籤的食品售價差異，引導參加者思考標籤背後的理念	◌ 理解：哪些食物標籤較難找？標籤對誰重要？ ◌ 理解：有 / 沒有標籤的同類食品價錢有多大差異？ ◌ 分析：如果沒有有關標籤，會出現甚麼影響？ ◌ 應用：你會光顧哪一類超市？為甚麼？	# 綠色生活 # 保護環境 / 善用地球資源 # 良心 / 公義 / 責任 / 道德消費 # 公平貿易 可持續發展 批判思考	- 打開 Padlet
15 分鐘	**當消費者遇上食物標籤** 透過訪問反思消費者的選擇原則	◌ 理解：不同人認識標籤的程度有何不同？ ◌ 分析：在購物過程中，消費者是否容易按標籤對社會負責任地消費？為甚麼？ ◌ 創造：如果要改變市民的消費選擇，你認為政府和超市各有何角色 / 責任？		- 開啟 Google 表格的回覆版面
15 分鐘	**良心店舖** 回程後，請參加者分享一些有社會責任之店舖如何表達有關的訊息及所提供的服務計劃，反思企業和明智消費者對社會的責任與貢獻	◌ 回憶：你留意到這些店舖如何展示社會責任？ ◌ 理解：你有多被這些字眼吸引？ ◌ 評鑑：你有多認同這些社會責任？ ◌ 應用：思考社會責任後，對你日後的消費有何影響？	# 動物權益 # 消費者 / 社會責任 # 可持續消費 可持續發展 行動策劃	- 開啟 Google 表格的回覆版面

F9.8 在地行動點子

9.8.1 專題研習：商品背後的故事

在網上搜尋一款公平貿易產品的資料及用 PPT 簡報展示其背後的故事

產品名稱：＿＿＿＿＿＿＿＿

基本資料	背後的生產故事
1. 產品的原材料： 2. 生產地： 3. 價錢： 4. 售賣地方：	1. 原材料的生產方法／產量： 2. 生產地的經濟狀況： 3. 合作社的營運狀況： 4. 市場價格的變動：

網上來源：＿＿＿＿＿＿＿＿＿＿＿＿＿＿＿＿＿＿＿＿

9.8.2 社區教育及倡議：做個負責任消費者

設計一宣傳海報／標籤／明信片，呼籲消費者和企業關注弱勢勞工、可持續發展或動物權益

9.8.3 政策倡議：保護動物的消費

A. 選擇一種與珍貴物種相關的商品為研習的主線，回答以下問題：

○象牙　　　○鵝肝　　　○羽絨　　　○其他：＿＿＿＿＿＿

1. 商品屬於甚麼動物或動物的哪部份？

2. 商品的用途是甚麼？

3. 你有沒有接觸過這類產品，在哪裡接觸過？

B. 在互聯網搜尋有關該物種的新聞報導，並回答以下問題：

1. 製作過程的影響

	社會	大自然／生態	動物／物種數目	其他
捕獵及生產帶來的後果				
構成的傷害				

2. 這些產品有沒有在香港售賣？

3. 香港在貿易鏈上扮演甚麼重要角色？（出口商／生產者）

C. 假設你是一名議員，試構想一條香港法例來減低對上述瀕危物種的傷害：

1. 實施法例的對象是甚麼人？	
2. 制定法例希望做到甚麼效果？	如：減少、增加或制止甚麼？
3. 你建議法例的最高罰則是？	罰款： 入獄：

F10 西貢區：商場與性別友善

▶ 設計理念及背景

此考察路線透過觀察將軍澳市內都會商場 Popcorn 及屋邨商場尚德廣場的商舖、商場設計與配套設施，來評估社會建構及性別友善程度。Popcorn 為港鐵旗下的商場；尚德廣場由領展持有。

性別友善與「性別主流化」有關，為聯合國提倡促進婦女權益及兩性平等的全球性策略，意指在設計、實施、監察和評估所有範疇的法例、政策和計劃等層面中，納入性別觀點。自 2002 年始，在婦女事務委員會的協助下，本港政府已在上述各個範疇逐步推行。通過這個顧及性別觀點的過程，性別主流化致力確保兩性可以同等享有並受惠於社會的資源和機會，達到性別友善。

本港現時有多條與性別有關的條例。港府於 1996 年實施《性別歧視條例》，規定因某人的性別、婚姻狀況或婦女懷孕作出歧視或對他人作出性騷擾均屬違法，男女皆適用。《家庭崗位歧視條例》則規定任何人如歧視具有家庭崗位的人，便屬違法。本港自 1996 年開始引進《消除對婦女一切形式歧視公約》，旨在消除對婦女一切形式的歧視，最終達到男女完全平等的目標，而香港政府自此亦一直履行公約所訂的責任。

資料來源：政制及內地事務局網頁、勞工及福利局性別主流化網頁、香港人權監察網頁

▶ 學習目標

情境知識概念： #性別差異　　#商場設計　　#性別定型　　#歧視條例
　　　　　　　　#母乳哺嬰　　#家庭友善/崗位　　#性別歧視　　#公共廁所空間分配

世界公民議題： 知識（K）——社會公義：人權/平等；尊重差異
　　　　　　　　價值（A）——尊重、關愛、承諾社會公義
　　　　　　　　技巧（S）——批判思考、行動策劃

相關學校課程： 通識教育——單元 2 今日香港：生活素質、單元 4 全球化
　　　　　　　　生活與社會——延伸單元 6 全球議題：兩性平等
　　　　　　　　常識——（小五）生命變變變：青春期的成長

▶ 建議程序

階段	時間	地點	Wifi	程序	附件	教學策略	工具
導入	15 分鐘	尚德社區會堂（建議）	政府	「你」想性別	10.1	遊戲	Formative
	10 分鐘			講解考察	10.2	——	——
考察	60 分鐘	尚德廣場 Popcorn 1	商場	前往兩個商場，進行以下任務並作比較： ● F10.3 爸媽角色扮演 ● F10.4 商場設施大搜查	10.3	觀察	Formative
	60 分鐘				10.4	觀察訪問觀察	Formative
反思	20 分鐘	尚德社區會堂（建議）	政府	R16. 畫出相框 1	10.5		Formative
	20 分鐘			R24. 強弱勢危		討論	Padlet
	20 分鐘			R16. 畫出相框 2		討論	Formative
	20 分鐘			VR 體驗（見第三冊）	冊三	觀察	VR
行動	兩星期	N/A	N/A	10.6.1 直接服務及社區教育	10.6	服務學習	BBGAGA
				10.6.2 政策倡議	10.6		指引

▶ 變奏

其他類似及可比較的地點：愉景新城及荃灣新之城；青衣城及長發商場

▶ 參考資料

- 政制及內地事務局：平等機會   goo.gl/dv2Fsu
- 勞工及福利局：性別主流化   goo.gl/ARbzuT
- 平等機會委員會   goo.gl/XvXNSS
- 衛生署：實施「母乳餵哺友善場所」指引   goo.gl/uTccBq
- 台灣教育部：性別平等教育全球資訊網   goo.gl/YLXtij
- 母乳育嬰齊和應   goo.gl/TMfgfh
- 婦女事務委員會：性別主流化廣告   goo.gl/Fm8hn9
- 台灣行政院：兩性家庭崗位平等宣導片段   goo.gl/Dx4Ks6

F10.1 導入帶領指引

時間	程序／形式／科技	反思提問	學習要點／目標	準備
15 分鐘	**「你」想性別** 考察開始前，先統計各同學對性別的看法，切入點包括性別分工、性別差異及性別平等評估。具體提問在右。 以組別或個人為單位皆可，主要是方便往後的解說；建議以考察的分組來進行此活動。	⟳ 分析：（只限男同學回答）是否同意男性負責維修家庭電器？ ⟳ 分析：（只限女同學回答）是否同意女性負責煮飯？ ⟳ 分析：你同意女生如廁時間比男生長嗎？ ⟳ 評鑑：你同意校方要為女生增設多些洗手間嗎？ ⟳ 評鑑：你同意在校內增設一所無性別洗手間嗎？ ⟳ 評鑑：請你為現今社會性別平等程度評分，1 分為非常不平等，5 分為非常平等。	把性別議題扣連至參加者的生活經驗，並初步了解同學對兩性的看法	Formative 表格 1 份（題型：True/False 及 Multiple Choice）
10 分鐘	**講解考察** 工作員派發地圖及任務指引，講解考察安排。	——		10.2 地圖

F10.2 考察地圖

掃描以下 QR 碼，再用 Google 地圖打開，用導航功能找出以下地點：

尚德廣場

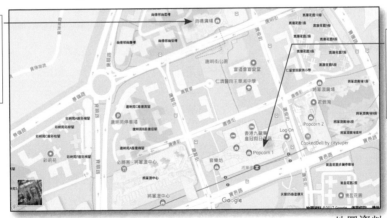

Popcorn 1

地圖資料 ©2017 Google

規則：

1. 全組共同進退及注意安全，特別是橫過馬路時；

2. 請按指定時間：＿＿＿＿＿＿＿，返回集合地點；

3. 在商場內請保持安靜，把對店鋪的干擾減到最低；

4. 考察範圍為整個商場，或按照主持人指示，分組考察指定樓層；

5. 考察範圍涉及洗手間，為保障私隱，只准在洗手間以外的地方拍攝；

6. 使用 Formative 時，填完後按頁面最底的「Submit」繳交，一旦繳交便不可修改。

F10.3 爸媽角色扮演

請找三名組員代入下列角色及情境，另沿途記下所需資料，完成此部分題目。其餘組員可協助記錄資料、帶路及照顧安全。

10.3.1 角色及情境

- 角色一：一名帶著一歲兒子到訪商場的媽媽，請前往一個合適的空間為兒子更換尿片。
- 角色二：一名帶著半歲女兒到訪商場的媽媽，現階段仍是母乳餵哺，你備有遮乳布。
- 角色三：一名帶著半歲女兒到訪商場的爸爸；女兒餓了，請前往育嬰室餵奶（如有人正使用育嬰室，請在門外等待所有輪候者用畢才進內）。
- 角色四：一名帶著四歲兒子到訪商場的爸爸，其兒子需要他協助和陪伴去大便。

10.3.2 商場定向

任務	社區觀察手法	Formative 題型
1. 拍攝所選空間，並在圖中右下角寫上層數（如未能找到指定目的地，請找一個合適的空間）	◉ 睇（眼）	Show Your Work
2. 由起點前往所選地方的時間（分鐘）	⊞ 數	Short Answer
3. 有沒有異性和你身處同一空間？ ○有　　○沒有	◉ 睇（眼）	True Or False
4. 你認為商場的配套設施或設計能方便你完成任務嗎？ ○方便　　○不方便	✋ 睇（手）	True Or False
5. 請描述有何尷尬或不便之處	◉ 睇（眼）	Short Answer
6. 請你畫出一項希望商場增設的設施或服務，讓你可更便利地完成任務	反思：創造	Show Your Work
7. 拍攝育嬰設施的標示	◉ 睇（眼）	Show Your Work
8. 你單純觀看此標示，能輕易判斷育嬰設施是父或母皆可使用嗎？ ○能　　○不能	◉ 睇（眼）	True Or False
9. 請在相簿中選取上題所拍攝的育嬰設施標示，並在畫板上加以修改，以更符合性別友善原則	反思：創造	Show Your Work

📁 **考察發現**

具備換片及奶樽溫熱裝置的育嬰室

親子洗手間，供成人和兒童共同使用

F10.4 商場設施大搜查

開始前分工：一位組員用自己的裝置填寫表格，其他組員則負責觀察、帶路及照顧安全，可輪流交換角色。

F10.4.1 男女廁大不同

任務	回答欄		社區觀察手法	Formative 題型
1. 洗手間合算，男和女廁格連小便斗的總數	男		☒ 數	Short Answer × 2
	女			
2. 男和女洗手間排隊人數（位）	男		☒ 數	Short Answer × 2
	女			
3. 請分別以一男和一女為目標，計算他們由進入至離開洗手間所需的時間	男		☒ 數	Short Answer × 2
	女			
4. 是不是所有男和女的洗手間皆配備有育嬰設施，如：嬰孩座椅或換片板	□ 男廁有配備 □ 女廁有配備 □ 兩者皆無配備		◉ 睇（眼）	Multiple Selection
5. 你認為本商場的女洗手間足以應付商場的人流嗎？	○ 足夠 ○ 不足夠		評鑑性觀察	True Or False
6. 你認為本商場的育嬰設施標示符合兩性平等嗎？	○ 符合 ○ 不符合		評鑑性觀察	True Or False

F10.4.2 小心走光！*

任務	社區觀察手法	Formative 題型
1. 訪問兩名女途人：本商場的設計是否容易釀成走光？ ○ 1 極不易　○ 2 不易　○ 3 容易　○ 4 極容易	💬 問	True Or False
2. 請她指出 1 個走光陷阱，拍攝該位置並圈起該走光陷阱	💬 問	Show Your Work
3. 商場有何措施預防走光？	◉ 睇（眼）	Short Answer
4. 針對以上走光陷阱，你們建議商場可如何改善？（可自行繪畫創作，又或用其中一張照片再補充說明）	◉ 睇（眼）	Show Your Work

* 活動目的並非要參加者捕捉他人走光，只是找出商場走光陷阱作分析，拍攝時請保障途人利益。

F10.5 反思帶領指引

時間	程序 / 形式 / 科技	反思提問	學習要點 / 目標	準備
20 分鐘	**R16. 畫出相框 1** 從 10.3 觀看尋找設施過程的相片，並在有關標誌畫出可改善的地方，並展示給其他組別觀看	◌ 評鑑：本商場的配套設施能方便你完成任務嗎？ ◌ 創造：你認為商場要加設甚麼便利你的設施？ ◌ 分析：你認為有需要為兩性設置獨立區間嗎（例如男性專用育嬰室）？為甚麼？ ◌ 評鑑：你有多認同性別平等這概念？為甚麼？	# 家庭友善 / 崗位 # 母乳哺嬰 # 商場設計 # 歧視條例 # 性別定型 人權與公義平等	展示 Formative 摘要版面
20 分鐘	**R24. 強弱勢危** 用 SWOT（強弱勢危）圖片作為 Padlet 底圖。各組根據兩個商場的設施及佈局，完成 SWOT 圖表各欄。留意參加者須綜合兩個商場的考察來完成任務，而非個別評鑑	◌ 評鑑：為何認為商場的女洗手間數量足夠 / 不足夠？ ◌ 應用：你是否贊成所有性別的洗手間都應設有均等數量的育嬰設施？為甚麼？ ◌ 回憶：育嬰設施標示的人像是否代表特定性別？ ◌ 分析：你認為這樣設計的原因是甚麼？ ◌ 回憶：男女洗手間是否都有育嬰設施？或獨立於男女洗手間？ ◌ 分析：「全職爸爸」在港流行嗎？社會支持嗎？ ◌ 創造：你對於商場的育嬰設施有何改善建議？	# 性別差異 # 性別定型 # 商場設計 # 公共廁所空間分配 # 家庭友善 / 崗位 人權與公義平等	- 利用 SWOT 圖片開設一個 Padlet
20 分鐘	**R16. 畫出相框 2** 從 10.4.2 觀看走光陷阱的相片，並在此相片外圍畫出可改善的地方，並展示給其他組別觀看	◌ 理解：這商場為何容易 / 不容易引致走光？ ◌ 評鑑：你認為現時商場引致走光的問題是否嚴重？ ◌ 分析：社會或商場有何措施去處理走光的問題？ ◌ 評鑑：相關措施有效嗎？ ◌ 創造：你建議商場要如何設計來避免走光的情況發生？	# 性別歧視 # 歧視條例 # 商場設計 人權與公義	- 展示 Formative 摘要版面

F10.6 在地行動點子

10.6.1 直接服務及社區教育

到所住社區內的大型商場，觀察其設計是否方便育有嬰兒的家庭來光顧。到一些有更衣空間的商店（如：時裝店），可向店員表示下星期餵母乳的姨姨來訪，代為了解可否借出試身室來進行母乳餵哺，並觀看其設施是否符合以下標準。

- 收集數據後，再提交以下網站：🖰bbgaga.com/babyroom，或其應用程式「BBGAGA 香港育嬰室」（只有 Play Store 提供）中的「育嬰室報料」，另須補充：

  - 商場物業名稱

  - 育嬰室位置

  - 商場提供設施

  - 相片

- 另可自行製作 Google Map，利用「我的地圖」，用圖釘來顯示育嬰室的位置，並展示以下標準的評分：

UNICEF 及衛生署標準	評分
尊重選擇餵哺地點的決定，不會限制媽媽的自由	○ ○ ○ ○ ○
不會要求到洗手間餵哺	○ ○ ○ ○ ○
不受打擾（如：不會要求她遮蔽身體）	○ ○ ○ ○ ○
較具私隱	○ ○ ○ ○ ○
環境舒適	○ ○ ○ ○ ○
向有需要的母親提供協助（如：向其他顧客解釋母親餵哺孩子的需要）	○ ○ ○ ○ ○

10.6.2 政策倡議

把考察設施的經驗向育有嬰兒的親戚或鄰居分享，並整合他們對商場及社區設施的意見，向商場的管理公司或區議員反映，爭取改善。

📂 **考察發現**

令人聯想到性別角色的標示

到底此育嬰室是否歡迎男性照顧者使用？

F11 沙田區：單車友善

▶ 設計理念及背景

2014 至 2016 年間，香港每年平均逾 2,000 宗與單車有關的意外，死亡個案約 6 至 10 宗。基於安全考慮，政府從不鼓勵市民在市區以單車代步。相反，新市鎮及新發展區較有條件發展相關配套設施，建立具以下準則的單車友善城市，讓市民作短途代步：(1) 設置單車租賃、維修服務；(2) 設立室內外的停泊處與鎖車配套設施；(3) 公共交通工具能運載單車；(4) 鄰近商業、住宅、學校有單車配套設施，鼓勵以單車代步；(5) 清晰單車標示的單車徑；(6) 單車專用道設置單車安全指示和設備；(7) 配備單車優先的過路系統；(8) 具讓騎單車者聚集的休閒用地（如：公園、餐廳）；及 (9) 定期舉辦以單車為主題的大型活動。

運輸署於 2013 年委聘顧問探討現時新市鎮單車徑的聯網、提升安全及改善泊位等配套設施，隨之擬定約 900 個改善地點。另外，因應市場的需求，政府近來允許私營商店及共享單車公司在部份新市鎮港鐵車站（包括大圍站）及單車徑附近提供單車租賃服務，市民可選擇在指定地點歸還單車，這項措施旨在推廣並鼓勵以單車代步。

此教材以參加者經驗出發，考察大圍站附近的單車配套設施及使用情況，包括：泊位、道路設計、標示等方面，從而評估大圍有多符合單車友善。香港作為全球城市，推動單車友善政策及措施，一方面，可鼓勵市民更多以單車代步，減少交通工具產生的廢氣，另一方面，改善道路設計可減低交通意外傷亡，進一步發展成以人為本的城市，與全球城市接軌。

資料來源：政府制訂單車友善政策之議案、運輸署道路交通意外統計專頁、Bike Friendly Oak Cliff

▶ 學習目標

情境知識概念： #綠色生活　　#碳足印 / 生態足印　　#公共空間　　#單車友善
　　　　　　　　#暢達設計　　#宜居城市　　　　　#健康城市　　#全球城市

世界公民議題： 知識（K）——可持續發展
　　　　　　　價值（A）——負責任
　　　　　　　技巧（S）——社區營造、行動策劃、共同合作

相關學校課程： 通識教育——單元 2 今日香港：生活素質、單元 6 能源科技與環境
　　　　　　　　生活與社會——M23 維護核心價值：多元共融和廉潔誠信、M27 全球城市
　　　　　　　　常識——（小二）親親社區：我的社區、（小三）生活在香港：生活所需

▶ 建議程序

階段	時間	地點	Wifi	程序	附件	教學策略	工具
導入	15 分鐘	中心 / 學校 / 大圍站	政府	單車代步的顧慮	11.1	討論	Poll Ev
	10 分鐘			講解考察	11.2		
考察	15 分鐘	美田路與積運街交界行人天橋底	自備	F11.3 單車泊位考眼力	11.4	觀察	Google 表格
	40 分鐘	美田路南段	自備	F11.4 單車配套設施大搜查	11.5	觀察 / 訪問	Google 表格
	30 分鐘	大圍站 C 出口及車公廟路行人天橋	自備	F11.5 道路安全知多點	11.6	觀察	Google 表格
	45 分鐘	車公廟路	自備	F11.6 單車體驗之旅	11.3	觀察	Ramblr 程式
反思	60 分鐘	顯徑鄰里社區中心（建議）	政府	回顧 Google 表格及 Ramblr 數據	11.7	討論 / 創作	Google 表格 Ramblr 網頁
	30 分鐘			VR 體驗（見第三冊）	冊三	觀察	VR
行動	兩星期	N/A	N/A	政策倡議：設計單車相關設施	11.8	研習	AWW

▶ 變奏

其他類似及可比較的地點：

- 沙田區：大水坑港鐵站及馬鞍山單車公園
- 上水區：上水港鐵站、石湖墟及天平邨
- 大埔區：太和港鐵站至汀角路一帶
- 屯門區：屯門港鐵站及屯門公園

▶ 參考資料

- 規劃署：香港規劃標準與準則　　　　　　　　　　⌁goo.gl/CRhbTt
- 香港單車同盟專頁　　　　　　　　　　　　　　⌁hkcyclingalliance.org/
- 東網電視：單車意外——單車徑設計漏洞　接駁馬路如陷阱　⌁goo.gl/qegLk4
- 政府新聞網：視實際情況推單車友善措施　　　　⌁goo.gl/DeQfu8
- 共享單車 Gobee Bike　　　　　　　　　　　　　⌁gobee.bike/
- TVB：《時事多面睇》單車友善政策？　　　　　⌁goo.gl/SA9EwD
- 政府新聞處：優化交通 安步當車（18.1.2017）　⌁goo.gl/pFZxNa
- 香港電台：香港故事第 18 輯 08：沙田（12:15-17:12）　⌁goo.gl/upjozv

F11.1 導入帶領指引

時間	程序 / 形式 / 科技	反思提問	學習要點 / 目標	準備
15 分鐘	**單車代步的顧慮 ^** 統計參加者最關注的問題，分析在市區使用單車的可行性。問題見下表。	見下表	以自身經驗思考使用單車的考慮，從而思考自己的社區是否單車友善	設定 Poll Ev 題目
10 分鐘	**講解考察** 工作員派發地圖及任務指引，講解考察安排，詳見 F11.2			11.2 地圖

^ 附表：單車代步的顧慮

問題	Poll Ev 題型及引導方向
1. 你最常用哪種交通工具？	Open-ended
2. 過去一個月曾使用多少次單車？	Word Cloud
3. 你最多在甚麼情況下使用單車？ ≡ 代步 ≡ 觀光 ≡ 運動	Rank Order
4. 如果你懂得騎單車，你有多大信心在這區以單車代步？ ○ 1 很沒信心　○ 2 頗沒信心 ○ 3 頗有信心　○ 4 很有信心	MC 引導討論社區有多適合騎單車及原因
5. 如要你選購一輛單車代步，你會考慮甚麼？	Q&A：參加者輸入答案，每人有三票，可選擇 Upvote 或 Downvote 以示考慮的優次 引導討論支持 / 阻礙他們在自己的社區中使用單車的因素，鼓勵在考察時留意社區的配套設施能否消除顧慮

F11.2 考察地圖

掃描以下 QR 碼，再用 Google 地圖打開，用導航功能找出以下地點：

地圖資料 ©2017 Google

規則：

1. 全組利用指定活動的 Google from QR 碼完成考察；

2. 組員共同進退及注意安全；

3. 如租借單車進行考察，請遵守安全指引及守則；

（見：單車資訊中心專頁）

4. 請按指定時間：＿＿＿＿＿＿，返回集合地點。

F11.3 單車泊位考眼力

請分配不同組員用自己的手機／平板完成以下任務，其他組員可帶路及照顧安全。

📍美田路與積運街交界行人天橋橋底

任務	社區觀察手法	Google 題型
1. 數算單車停泊數目	▦ 數	Short Answer
2. 除了單車外，還有其他物品被放置在此處嗎？	👁 睇（眼）	Short Answer
3. 用手機拍下有關使用單車泊位的告示	👁 睇（眼）	File Upload
4. 列出泊位附近的建築物 □住宅　　　□商場商廈　　　□公交車站 □休憩用地　□其他：_____	👁 睇（眼）	Checkboxes
5. 該位置是否預先規劃的單車停泊處？	👁 睇（眼）	Drop-down
6. 哪個部門負責管理泊位？	👁 睇（眼）	Short Answer

F11.4 單車配套設施大搜查

請分配不同組員用自己的手機 / 平板完成以下任務，其他組員可帶路及照顧安全。

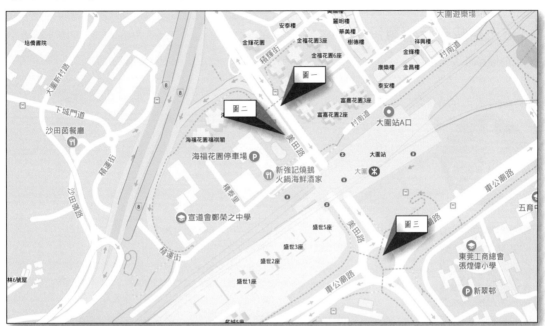

按地圖中指定地點找出以上的單車配套設施，並完成下列提問（如能在附近找到騎單車者評分及訪問就更理想）：

任務	社區觀察手法	Google 題型
1. 你對其設施的評分？（5 分最高）	👁 睇（眼）💬 問	Linear Scale
2. 配套設施有何功能？誰提供此設施？	👁 睇（眼）	Short Answer
3. 你對配套設施有何改善建議？	👁 睇（眼）💬 問	Short Answer

F11.5 道路安全知多點

請分配不同組員用自己的手機／平板完成以下任務，其他組員可帶路及照顧安全。

11.5.1 路牌圖示猜意思

📍 車公廟路行人天橋

路牌圖示	社區觀察手法	Google 題型
	👁 睇（眼）	Short Answer
	👁 睇（眼）	Short Answer

圖片來源：運輸署網頁

11.5.2 人生交叉點

站在「騎單車者在此下車」標示位置附近 5 分鐘，觀察騎單車者遵守交通規則的情況

📍 車公廟路行人天橋的交叉過路點

任務										社區觀察手法	Google 題型
1. 點算人數	1	2	3	4	5	6	7	8	9+	📊 數	Multiple Choice Grid
有推車過馬路	○	○	○	○	○	○	○	○	○		
沒有下車過馬路	○	○	○	○	○	○	○	○	○		
在行人路上仍騎單車	○	○	○	○	○	○	○	○	○		
有在行人路落車推車	○	○	○	○	○	○	○	○	○		
2. 站在騎單車者的角度，試列舉一些對他們不太方便的交通規則										👁 睇（眼）	Short Answer

F11.6「單車體驗之旅」工作紙

📍 由大圍港鐵站出發，騎單車經車公廟路遊樂場回到在顯徑邨的家（限時 30 分鐘）

⇩ Gobee Bike：借用共享單車，先下載有關應用程式

Andriod

iOS

11.6.1 旅程前任務（由主持完成）

利用 Google 地圖，找出以下資料及看看步行路線：

任務	社區觀察手法	Ramblr 記錄形式
把路線、預計路程和步行時間的畫面截圖並上載	⊞ 數	Photo

11.6.2 過程記錄

4 人一組，分配其中一人用一個能上網和已預載 Ramblr 應用程式的手機完成以下任務（記錄行程中發生的事件），其他組員分別負責推單車、帶路、計時以及照顧全組安全。

規則：

1. 只能在單車徑 / 單車專用區域上行駛，其他路面均需要下車並攜單車經過；

2. 如要進入商場範圍，必須按指示把單車停泊在指定的停泊處。

任務	社區觀察手法	Ramblr 記錄形式
1. 標示下車地點，以拍照記錄下車原因	👁 睇（眼）	Photo
2. 標示泊單車地點 　 如遇困難，在停泊點錄影並解釋	👁 睇（眼）	Video
3. 標示位置，以錄音記下其他特別的事情（如：路人的反應、令你困惑之處）	👁 睇（眼）	Voice

F11.7 反思帶領指引

時間	程序 / 形式 / 科技	反思提問	學習要點 / 目標	準備
15 分鐘	**單車泊位考眼力** 展示 Google 表格的摘要圖表，統計泊位的數據，分析泊位位置、維修和管理能否滿足居民的需求	○ 回憶：泊位的人流如何？ ○ 理解：試推算附近使用單車者主要是甚麼人？ ○ 分析：這個使用率反映該位置有何優劣？ ○ 應用：泊位有被濫用的情況嗎？反映甚麼現象？ ○ 評鑑：泊位的設計有多考慮到使用者的需要？ ○ 創造：政府要如何改善泊位才更方便市民使用單車代步？	# 暢達設計 # 綠色生活 # 公共空間 可持續發展 負責任 行動策劃 共同合作	- 投影 Google 表格的回覆摘要版面
15 分鐘	**單車設施大搜查** 展示 Google 表格的摘要圖表，統計居民對配套設施的評分及改善建議，討論如何能夠符合單車友善城市的準則	○ 回憶：這住宅區有甚麼單車友善的政策和措施？ ○ 創造：你對政府有何建議？	# 宜居城市 # 健康城市 # 單車友善 可持續發展 負責任	同上
15 分鐘	**道路安全知多點** 以 Google 表單的摘要展示騎單車者有多守法，評鑑現有的政策及法例是否便民，帶出「單車友善」的城市應有何措施	○ 理解：你能掌握剛才路牌的含意嗎？居民對在香港騎單車有多大的擔心？ ○ 分析：指示的設計和位置有多配合騎單車者和行人的需要？ ○ 評鑑：有哪些不合時宜的法例較易令騎單車者觸犯？ ○ 創造：你建議政府應如何設計這些路牌和修訂相關法例？	# 暢達設計 # 單車友善 # 宜居城市 尊重差異	同上
15 分鐘	**單車體驗之旅** 回程後，統計旅程中要停下的次數及障礙，與 Google 地圖建議的步行時間和路程作比較，以評估該區單車設施的暢達程度	○ 回憶：落了車多少次？ ○ 理解：有何障礙令你要下車？曾想過犯規嗎？ ○ 評鑑：區內的單車徑 / 專用道規劃有多方便？ ○ 應用：你會在此社區中使用單車代步嗎？為甚麼？ ○ 分析：騎單車者與行人在使用同一道路時會出現衝突嗎？你感覺現行的道路是優先設計給車輛、單車還是行人使用？	# 碳足印 # 暢達設計 # 單車友善 社區營造	- 開啟電腦並投影 Ramblr 網頁輸出數據

F11.8 在地行動點子

政策倡議：設計單車相關設施

A. 用 A Web Whiteboard 重新規劃一項更單車友善的設計，並向區議員或有關當局反映：

　　○斑馬線及安全島　　　○十字路口及附近單車徑　　　○交通燈　　　○其他

B. 設計的構思

功能	
外觀	
使用規則	

C. 反思問題

() 猜猜居民和政府對你的設計有何意見？

() 在香港推動單車友善設施有何挑戰？哪種設計才可令更多人支持？

大埔區：街市與墟市

▶ 設計理念及背景

這條考察路線通過比較三個不同形式的街市，由領展管理的太和街市、自行經營的富善街墟市以及由食環署管理的大埔墟街市，從而了解街市對居民生活素質的影響、社區營造及文化傳承。早於英國人租借新界前，在元朗、大埔、上水等地區已經有墟市存在，並由地方氏族控制，以及維持墟內的廟宇運作及舉辦節慶活動等。港英年代，政府仍容許有私營街市，但就會為街市檔位的租金設限，以確保居民能承擔街市的物價。

80 年代末，政府致力加強小販管理。1990 年代起，公私營街市的界線漸趨模糊，公眾街市作為配合小販政策的措施，其主要功能已不復存在。新建公眾街市的設計和布局也隨著時間而演變，不但檔位的面積較以往為大，通道也比以前寬闊。公眾街市已成為方便市民購買日用品及新鮮食品的地方。及後，政府以市場方式決定管理街市的組織。2004 年後領匯上市並著手升級街市便是一例，但有分析指領匯（已易名為「領展」）近年高價放售街市經營權給第三方，新經營者再以高價放租給檔戶來收取相應回報。

現時，每日開放的公眾街市與墟市是有分別的，墟市主要由擺賣的小販構成，因此有意見認為要修改現有的小販政策，既可讓小販彈性地回應市場需要和調節供應，也可讓低技術人士有營商及就業的機會。不過，亦有意見認為小販不用交租會對商店租戶造成不公，加上缺乏規管而令衛生情況變得惡劣。本次考察除了要求參加者比較三種不同形式的街市外，還會引導他們思考小販和墟市的存在價值。

資料來源：節錄自 2014 年 6 月 23 日立法會文件

▶ 學習目標

情境知識概念： #街市與墟市　　#規劃與規管　　#宜居城市　　#社區文化傳承
　　　　　　　　　#地產霸權　　　#食物安全　　　#市區重建

世界公民議題： 知識（K）──社會公義：貧與富／公平、可持續發展
　　　　　　　　價值（A）──尊重、負責任
　　　　　　　　技巧（S）──社區營造

相關學校課程： 通識教育──單元 2 今日香港：生活素質、單元 5 公共衛生
　　　　　　　　生活與社會──單元 23 維護核心價值：縮減貧窮差距
　　　　　　　　常識──（小三）生活在香港：我們的社區生活、（小四）認識國土：昔日的香港

▶建議程序

階段	時間	地點	Wifi	程序	附件	教學策略	工具
導入	15 分鐘	太和鄰里社區中心（建議）	政府	電子收買佬	12.1	遊戲	Padlet
	15 分鐘			街市管家	12.1	分析	Padlet
	10 分鐘			講解考察	12.2		
考察	60 分鐘	太和街市	自備	前往三個街市，進行以下兩個任務並作比較： F12.3 街市時空大比拼 F12.4 街市話事‧人	12.3 12.4	觀察 / 訪問	印工作紙 Padlet Google 表格
	60 分鐘	富善街墟市	自備				
	60 分鐘	大埔墟街市	政府				
反思	20 分鐘	大埔社區會堂（建議）	政府	R40. 四格漫畫	12.5	討論	PhotoGrid
	20 分鐘			R29. 社區寶圖	12.5	創作	Padlet
	20 分鐘			VR 體驗（見第三冊）	冊三	觀察	VR

▶變奏

其他類似及可比較的地點：

● 長沙灣發祥街墟市與保安道街市

● 灣仔道墟市及灣仔街市

● 荃灣河背街墟市及楊屋道街市

▶參考資料

☐ 大學線：富善街式微中的傳統墟市	⚓goo.gl/dwMRAz
☐ 獨立媒體：街市的學問——舊灣仔街市檔主談新街市設計	⚓goo.gl/KguFYw
☐ 獨立媒體：誰殺死小販政策？與黃英琦詳談小販政策	⚓goo.gl/N7DZuA
☐ 天主教正義和平委員會：葉寶琳——從小販看空間政治和地產霸權	⚓goo.gl/Az4UNK
☐ 嶺南大學文化研究：「雞蛋仔伯伯」的天堂與地獄	⚓goo.gl/r7czQt
☐ 香港私營街市一覽	⚓goo.gl/vej2rV
🎞《豬籠墟事變》MV by Rubberband	⚓goo.gl/xHwpbK
📖《十九遊街市：街市成景點的本地遊》	

F12.1 導入帶領指引

時間	程序 / 形式 / 科技	反思提問	學習要點 / 目標	準備
10 分鐘	**電子收買佬** 活動前，先邀請每人在家中拍下幾件在街市購買回來的物品。 開始時，以分組比賽的方式，鬥快把物品上載至 Padlet 牆。同時，提醒參加者每次發帖時要在標題中記下自己的名字，如數量不足，可即時在身上搜尋在街市購買的物品。	↻ 分析：你家中有多少物品購買自街市？如數量不多，那麼其他物品會由甚麼地方購買回來？ ↻ 回憶：平日家人較多光顧哪個街市？ ↻ 理解：你對不同的街市有何感覺或印象？	把街市連結至參加者的生活經驗	Padlet 牆 1 個
15 分鐘	**街市管家** 在 Padlet 展示不同街市最具代表性的圖片，並猜猜是由甚麼組織經營該街市，參加者可用連線（Connect）功能配對圖片和答案。	↻ 分析：由不同組織經營的街市，令你有何不同的觀感？邀請參加者留意不同經營者的管理模式有何不同？	邀請參加者考察時留意不同組織管理的街市有何不同	Padlet 牆 1 個 3 張街市的代表照
10 分鐘	**講解考察** 工作員派發地圖及任務指引，講解考察安排。			地圖 任務紙

F12.2 考察地圖

掃描以下 QR 碼，再用 Google 地圖打開，用導航功能找出以下地點：

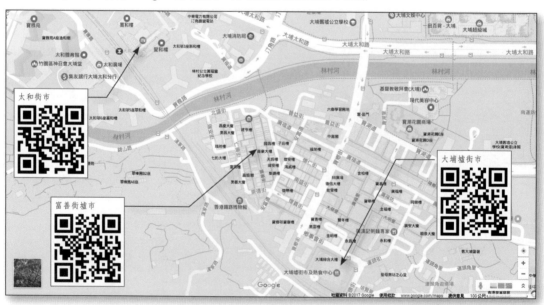

地圖資料 ©2017 Google

規則：

1. 須前往三個街市作比較；

2. 全組共同進退及注意安全；

3. 請按指定時間：＿＿＿＿＿＿，返回集合地點；

4. 開始前，請分配不同組員用自己的手機完成以下的任務，其他組員可帶路及照顧安全。

F12.3「街市時空大比拼」工作紙

12.3.1 點算街市人流

組內分工，在街市的主要出入口站立 1 分鐘，並畫「正」字點算有多少不同的人出入：

人數	太和街市	富善街墟市	大埔墟街市
家庭主夫或主婦			
外傭			
長者			
記錄時間			

12.3.2 觀察任務

請完成以下的觀察任務，並上載至每題指定的 Padlet QR 碼：

任務	社區觀察手法	Padlet 媒介
1. 拍下一個「最妙用空間的店舖」 （彈性裝拆、最低成本、展示最多貨物）	👁 睇（眼）	拍照
2. 駐足一會，錄下 30 秒最代表這街市的聲音	👂 睇（耳）	錄音
3. 用約 $10 購買一款父母兒時喜愛的小食，回來一同分享	👄 睇（口）	拍照
4. 請找出並拍下一樣不能在超級市場買到的貨品	✋ 睇（手）	拍照
5. 拍下一些銷售買賣以外的活動（最多 30 秒）	👁 睇（眼）	錄影

12.3.3 街市之最

以手機拍下代表這街市的：

● 寶（最具獨特歷史價值的）

● 趣（最「潮」或最新奇的）

● 讚（最多人打牙骹的店舖）

● 彈（最擾民的設計／規管措施）

F12.4 街市話事‧人

12.4.1 訪問顧客

📍○太和街市　　　○富善街墟市　　　○大埔墟街市　　　〔Multiple Choice〕

每個街市都要各訪問一位:○老年人　　　○成年人　　　〔Multiple Choice〕

問題	社區觀察手法	Google 題型
1. 你每星期平均來這街市多少次? ○1　○2　○3　○4　○5　○6　○7	💬 問	Linear Scale
2. 你有去其他街市嗎? ○太和街市　○富善街墟市　○大埔墟街市　○其他:____	💬 問	Multiple Choice
3. 為何選擇來這街市? □價錢較平　　□選擇較多　　□位置較近　　□清潔/衛生 □質素較好　　□環境舒適　　□人情味　　□其他:__	💬 問	Checkboxes
4. 購物時會優先選擇去? ○街市　　　○超級市場　　　○24小時便利店	💬 問	File Upload
5. 數算有多少間店的經營者認得你? ○1　○2　○3　○4　○5　○6　○7　○8　○9　○10+	💬 問	Linear Scale
6. 介紹和你「最 Friend」的店舖	💬 問	Paragraph
7. 介紹店主最年長/最有歷史的店舖	💬 問	Paragraph
8. 介紹最多長者光顧的店舖	💬 問	拍照

12.4.2 每個街市訪問其中一間顧客介紹過的店

📍○太和街市　　　○富善街墟市　　　○大埔墟街市　　　〔Multiple Choice〕

店舖之最:○「最 Friend」　○店主最年長/最有歷史　○最多長者光顧　〔Multiple Choice〕

任務	社區觀察手法	Google 題型
1. 拍下店舖的招牌或外觀	💬 問	File Upload
2. 主要的顧客是甚麼人? ○家務料理者　　○長者　　○外傭　　○其他:____	💬 問	Multiple Choice
3. 了解這街市在近年最大的轉變	💬 問	File Upload
4. 一樣近年已經沒有賣的東西	💬 問	Short Answer
5. 一樣近年才開始賣的東西(拍照)	💬 問	File Upload
6. 繼續經營的原因/挑戰	💬 問	File Upload
7. 上次何時加價?	💬 問	Date
8. 加價時會考慮甚麼因素?	💬 問	Short Answer

F12.5 反思帶領指引

時間	程序 / 形式 / 科技	反思提問	學習要點 / 目標	準備
20 分鐘	**R40. 四格漫畫** 回程後，用 PhotoGrid 分別為每個街市的寶、趣、讚、彈各自製作一幅四格漫畫——把四張相合成一圖並加圖例說明。	◇ 理解：這個街市有何獨特 / 具歷史價值的東西？又有何最潮 / 新奇的東西？ ◇ 分析：那代表這個街市有何歷史價值？又反映街市如何回應時代的轉變？ ◇ 評鑑：這個街市有何擾民的設計 / 措施？ ◇ 應用：誰是規管者？ ◇ 創造：你對規劃這街市的人有何建議？	# 社區文化傳承 # 宜居城市 可持續發展	N/A
20 分鐘	**R29. 社區寶圖** 用每個街市的平面圖作為底圖開設一個 Padlet，各組參加者在這個街市搜集得來最獨特的事物（照片和聲音）放在相應的角落，製作成一個寶圖，並用 Reaction 中的 Rate 功能，開放兩星期予朋友及家人評分。	◇ 理解：你在每個街市中有何獨特的發現？ ◇ 分析：這個街市在居民眼中有何角色 / 地位？為何他們仍會選擇來這個街市？ ◇ 應用：如果這些小店消失了，誰人會最受影響？影響為何？ ◇ 評鑑：近年街市面對甚麼轉變？經營時有何困難？ ◇ 創造：你對政府的街市政策或配套設施有何建議？街市的營運對基層街坊的生活有何影響？	# 街市與城市 # 規劃與規管 # 地產霸權 社會公義：貧與富 / 公平、	- 用每個街市的平面圖開設一個 Padlet - 參加者 BYOD

F12.7 在地行動點子

12.7.1 專題研習

分組選定一個街市，分別在上午、下午及黃昏時段進行 12.3.1 及 12.4.1 的任務，深入比對有何分別。

12.7.2 社區教育：畫圖說故事 A

在 Padlet 選出一間最有人情味 / 最有歷史價值 / 最多人喜歡的店舖，然後再進行深入的訪問，最後用 SeeSaw 的 Camera Roll 和 Drawing 功能，為該店舖拍攝一段 30 秒的廣告，放上社交媒體作推廣。

12.7.3 社區教育：畫圖說故事 B

找尋三個街市以外的路邊流動小販或地攤，再用 SeeSaw Drawing 的方式輔以旁白來介紹（不建議拍攝檔主的樣貌及位置，以免連累對方遭檢控）

📁 考察發現

用約 $10 購買一款父母兒時喜愛的小食，回來一同分享

請找出並拍下一樣不能在超級市場買到的貨品

F13　北區：規劃與規管

▶設計理念及背景

「公共空間」是具有「公共性」的實體空間，使社會上不分年齡階層種族都可以免費使用；不同的設計又賦予公共空間不同的功能和特色。城市規劃委員會把「公共空間」的概念納入了「Open Space」的類別，或被譯作「休憩用地」，會令很多人馬上聯想到公園、海濱走廊、郊野公園、海灘等「休憩空間」（Recreational Space），其實，「公共空間」應代表更廣義的「開放空間」。本次考察會探討這些由不同政府部門管理的「休憩空間」，如由房屋署管理的天平邨休憩空間及由康文署管理的北區公園，是否適合不同人士使用。

理想的公共空間須具備四大要素：第一步是「暢達性」——人們要能到達空間，才可享用第二層的「環境」；即使有了設施，設計不良的話也不能令公眾使用（第三層）；最後，公共空間除了讓公眾能各自進行活動外，還應鼓勵社交，以體現公共生活。考察也會以這四個要素來評核場內不同的設施。

部份私人發展項目必須按照有關地契向公眾提供設施或／及休憩空間，例如連接上水多個大型屋苑的平台及行人天橋，都是由私人集團擁有，但法律同時規定它們必須是開放給公眾使用的空間。由於這些空間的擁有權為私人集團，但使用權則歸公眾，所以在執行上往往都會產生矛盾。因此，社會上出現了「半公共空間」（或「偽公共空間」）這些概念，用來形容這些帶有公共性而並非公眾能自由享用的地方。管理者可限制任何人士（例如乞丐）的使用權。本次考察的參加者會到這些地點，探討公共空間的規管議題。

良好的公共空間，是香港作為全球城市宜居程度的重要指標，至於對公共空間的規管，則是公義及社區規劃等世界公民所關注及參與的重要議題。

資料來源：拓展公共空間、城市規劃委員會、規劃署——香港規劃標準與準則

▶學習目標

情境知識概念：# 公共空間　　　# 和合設計　　# 全球城市指數
　　　　　　　# 規劃與規管　　# 城市規劃　　# 宜居城市

世界公民議題：知識（K）——可持續發展、社會公義：平等／自由
　　　　　　　價值（A）——同感共情
　　　　　　　技巧（S）——共同合作、社區營造

相關學校課程：通識教育——單元 2 今日香港：生活素質
　　　　　　　生活與社會——單元 27 全球城市
　　　　　　　常識——（小二）親親社區：我的社區、到公園去

▶ 建議程序

階段	時間	地點	Wifi	程序	附件	教學策略	工具
導入	10 分鐘	北區社區中心	政府	我心目中的公園	13.1	討論	AWW
	20 分鐘			土地利用畫一劃	13.1	分析	AWW/ 地圖
	10 分鐘			講解考察	13.2		
考察	30 分鐘	北區公園 / 天平邨	政府	F13.3 理想的公共空間	13.3	觀察	Google 表格
	30 分鐘		政府	F13.4 社區設施的規管	13.4	觀察	Google 表格
	30 分鐘		政府	F13.5 規管的參與	13.5	訪問	Google 表格
	45 分鐘	名都 / 上水廣場	自備	F13.6 公私分明	13.6	觀察	Google 表格
反思	20 分鐘	北區社區中心	政府	R40. 四格漫畫	13.7	創作	PhotoGrid
	30 分鐘			延伸討論 13.4-13.6	13.7	討論	Google 表格
	20 分鐘			VR 體驗（見第三冊）	冊三	觀察	VR
行動	兩星期	N/A	N/A	重構公共空間	13.8	服務學習	指引

▶ 變奏

● 其他評估公共空間的地區：

   ■ 灣仔中環廣場、告士打道花園及囍匯

   ■ 荃灣千色店旁的休憩處、荃新天地及二陂坊

▶ 參考資料

☐ 拓展公共空間	hkpsi.org
☐ 香港公共空間資料庫	goo.gl/4tEia1
☐ 屋宇署：在私人發展項目內提供公眾設施	goo.gl/jpA9jc
☐ 香港電台通識網：公共空間教學例子	goo.gl/u5QvhH
☐ 《明報》：再思公共之園	goo.gl/nMEzRp
☛ 【佔領公共空間】30 萬平方米被隱藏	goo.gl/AhRxjH
☛ 空間矛盾 II　用不到的公共空間	goo.gl/mEK634

F13.1 導入帶領指引

時間	程序 / 形式 / 科技	反思提問	學習要點 / 目標	準備
10 分鐘	**我心目中的公園** 各參加者在白板上畫出上次到公園做甚麼？理想的公園應是怎樣？	↻ 回憶：大家上一次到公園，是甚麼時候？是哪個公園？你在公園內做甚麼？ ↻ 評鑑：你如何評價現時的公園？	連結參加者平日用公園的經驗	空白的 AWW
20 分鐘	**土地利用畫一劃** 不同組別代表以下其中一個土地利用（land use），用「螢光筆」在地圖上不同空間塗上不同顏色： 紅（商業）、啡（混合）、藍（住宅）、綠（休憩）、紫（政府 / 學校）	↻ 理解：你有多喜歡現時的規劃？ ↻ 評鑑：你覺得有足夠的公共空間嗎？為甚麼？	導入社區的土地利用，思考城市規劃的狀態	另一塊 AWW，上載本區地圖作背景 （見 13.2）
10 分鐘	**講解考察**	見 13.2		13.2 地圖

F13.2 考察地圖

掃描以下 QR 碼，再用 Google 地圖打開，用導航功能找出以下地點：

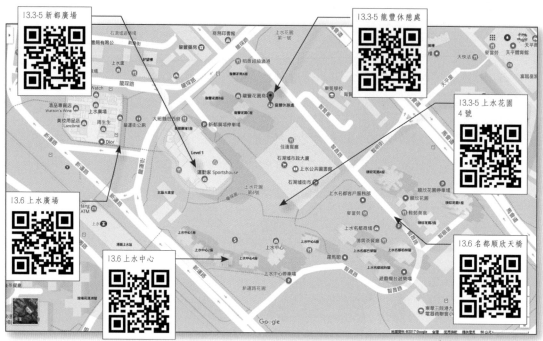

圖資料 ©2017 Google

規則：

1. 全組共同進退及注意安全，特別是橫過馬路時；

2. 請依照指定時間：＿＿＿＿＿＿，返回集合地點；

3. 開始前，請先分配組內角色——觀察員、訪問員、記錄員（手持手機／平板）和帶路員各至少一名，途中可自行互換角色。

角色扮演

每組別代入下列其中一個角度去評鑑公共空間的設施：

● 一位手持滑板的 15 歲青少年

● 一位外傭帶著僱主的 7 歲女及 4 歲兒子

● 一對年輕夫妻推著一架手推 BB 車

● 一位行動不便並要用手杖的 65 歲婆婆

F13.3 理想的公共空間

📍○上水花園第 4 號　　○龍豐休憩處　　○新都廣場地面之行人通道　〔Multiple Choice〕

找找以下設施，哪些是便利／阻礙在此活動的居民，並拍照一張。〔File Upload〕
〔Multiple Choice〕

○椅子　　　○桌子　　　○欄杆　　　○花槽　　　○健體設施

請按以下標準評分：

理想公共空間指標 *	評分〔Linear Scale〕
Accessibility 易達：開放、便捷可達、位置易見、進出口清晰寬闊及無障礙	○ 1　○ 2　○ 3　○ 4　○ 5
Environment 環境：空間內外之環境，如：照明、林蔭等	○ 1　○ 2　○ 3　○ 4　○ 5
Utilization 使用：充份使用及活動，少受干擾、從不閒置	○ 1　○ 2　○ 3　○ 4　○ 5
Sociability 促進社交：減少內部的阻隔，增加群眾之間的交流機會	○ 1　○ 2　○ 3　○ 4　○ 5

* 參考：拓展公共空間 🖱hkpsi.org

📂 考察發現

上水花園第 4 號，外傭席地而坐也不坐椅子

龍豐休憩處的椅子有林蔭，環境舒適，能促進社交

猜猜這兒之前有何活動？

龍豐休憩處桌子十分促進社交，
但欄杆卻不便輪椅使用者出入

F13.4 社區設施的規管

📍○上水花園第 4 號　　○龍豐休憩處　　○新都廣場地面之行人通道　〔Multiple Choice〕
請找出公園內有何告示（如：圖案、標示或資料）規管或幫助你在公園內活動？

任務	社區觀察手法	Google 題型
1. 拍下不准 / 禁止的告示	👁 睇（眼）	File Upload
2. 數算總共有多少個禁止告示	🔢 數	Short Answer
3. 猜猜設立禁止告示背後的原因	👁 睇（眼）	Short Answer
4. 請拍下提供幫助的告示	👁 睇（眼）	File Upload
5. 數算總共有多少個提供幫助的告示	🔢 數	Short Answer
6. 猜猜設立幫助告示背後的原因	👁 睇（眼）	Short Answer

F13.5 規管的參與

在場內最多規管告示的展示板附近訪問數位居民，了解他們的看法。

問題	社區觀察手法	Google 題型
1. 您認為最應保留哪個告示？	💬 問	File Upload
2. 您認為保留該告示的原因是甚麼？	💬 問	Short Answer
3. 您認為最應取消哪個告示？	💬 問	File Upload
4. 猜猜設立該告示的目的	💬 問	Short Answer
5. 您建議如何修改該告示？	💬 問	Short Answer
6. 您對整個公共空間有何意見？	💬 問	Short Answer

統計最多人認為應該取消的告示，並訪問現場的保安員或致電管理公司，了解該告示設立的目的。〔Short Answer〕

F13.6 公私分明

📍○上水中心二層行人通道　　○上水名都與順欣花園間之天橋　　○上水廣場二層行人通道

任務	社區觀察手法	Google 題型
1. 該通道的開放時間	👁 睇（眼）	Time
2. 該通道的管理公司	👁 睇（眼）	Short Answer
3. 該通道的查詢電話	👁 睇（眼）	Short Answer
4. 2 分鐘內經過的人流	🔢 數	Short Answer
5. 有甚麼所屬人員在場管理？	👁 睇（眼）	Short Answer
6. 有何規管你在此活動的標示 / 告示？	👁 睇（眼）	File Upload
7. 數一數有多少個規管的告示	🔢 數	Short Answer
8. 有何幫助你在此活動的標示 / 告示？	👁 睇（眼）	File Upload
9. 數一數有多少個幫助的告示	🔢 數	Short Answer

F13.6 反思帶領指引

時間	程序 / 形式 / 科技	反思提問	學習要點 / 目標	準備
20 分鐘	**R40. 四格漫畫** 參加者從 F13.3 最特別的幾張照片中選出四張分別代表寶、趣、讚、彈，然後用 PhotoGrid 合成一張相，再展示及延伸討論。	◌ 回憶：你的角色遇到甚麼困難？ ◌ 理解：不同的角色有何感受？ ◌ 應用：公園內有甚麼設計是方便你的？ ◌ 分析：公園有哪些設計可能會對居民造成障礙？哪些設計可以便利居民？哪些特殊設計可配合特殊需要人士的需要？ ◌ 創造：如果你是公園設計師，你有何建議？	# 公共空間 # 和合設計 # 全球城市指數 # 城市規劃 # 宜居城市 可持續發展	- 參加者手機下載 PhotoGrid
30 分鐘	展示以下活動的 Google 表格摘要中不同的規管標示： F13.4 社區設施的規管 F13.5 規管的參與 F13.6 公私分明	◌ 理解：大家認為公園有何用途？市民在公園主要是做甚麼？ ◌ 評鑑：公園告示 / 標語 / 指示所展示的資料，有否提供足夠便利？ ◌ 理解：在私人管理的公共空間中，有何特別或難以理解的標示？ ◌ 評鑑：空間擁有者的這些規管合理嗎？ ◌ 創造：你認為街坊和政府各扮演甚麼角色？	# 公共空間 # 規劃與規管 社會公義 社區營造	投影 Google 表格回覆摘要版面

F13.7 在地行動點子

政策倡議：重構公共空間

地點：＿＿＿＿＿＿＿＿＿　　管理者：○康文署　　　○房屋署　　　○私人發展商

A.如你有機會改建這次考察中一個令你不太滿意的公共空間，你會有何建議？

對象的年齡或特別的身心需要	加 ADD ＋	減 DELETE －	改 MODIFY ◌

B.每組用 A Web Whiteboard/CoSpaces Edu VR 來重建這個公園，達到更理想的公共空間指標

F14 元朗區：天水圍的日與夜

鳴謝：關注草根生活聯盟鄭有誠先生提供意見

▶ 設計理念及背景

自 1990 年代起，香港的貧富懸殊問題一直惡化，統計處公佈 2016 年最新的堅尼系數為 0.539，創 45 年來新高。貧窮率最高的地區為深水埗、觀塘、黃大仙、元朗及葵青。在這些地區中，在職工作人口比率普遍偏低，低技術階層的在職人士比例則偏高，兒童貧窮率亦通常較高。一直以來，社會保障的整體目標是幫助社會上需要經濟或物質援助的人士，應付基本及特殊需要。社會福利署一直推行綜合社會保障援助計劃（簡稱：「綜援」）、公共福利金計劃、長者生活津貼及廣東計劃等，以支援有需要人士。

2012 年，政府成立扶貧委員會，探討長遠的政策方向，並在 2013 公佈首條的官方「貧窮線」——採用「相對貧窮」概念，以住戶每月收入中位數的一半為指標。在 2015 年非綜援貧窮住戶中，約有 40%（即 13 萬）為在職住戶，收入仍低於貧窮線。政府推出「低收入在職家庭津貼」，針對性地紓緩低收入住戶的家庭經濟負擔，並特別關顧單親及有兒童／青年的在職家庭。基層主要居住於由房屋署管理的公共房屋。截至 2015 年 9 月，房委會有約 75 萬個公屋／中轉房屋單位，容納二百多萬人，佔全港總人口的 29%。

這條考察路線讓參加者代入不同的基層家庭，從而計算他們一個月的開支，並評鑑相關的福利能否保障及維持他們的生活素質。

資料來源：政府公布香港首條貧窮線（香港政府新聞網）、2015 年香港貧窮情況報告（扶貧委員會）、香港房屋委員會專頁、社會福利署專頁

▶ 學習目標

情境知識概念：# 社會福利／服務　　# 貧富差距　　# 減貧／扶貧　　# 堅尼系數

　　　　　　　　# 在職貧窮　　　　# 樓價／地價　　# 地產霸權　　# 綜援／社會保障制度

世界公民議題：知識（K）——社會公義：貧與富

　　　　　　　　價值（A）——平等、公平、同理心

　　　　　　　　技巧（S）——社區營造

相關學校課程：通識教育——單元 2 今日香港：生活素質

　　　　　　　　生活與社會—— M12 香港的公共財政、M14 香港勞工市場、M23 維護核心價值

　　　　　　　　——縮減貧富差距

　　　　　　　　常識——（小三）生活在香港：生活所需

▶ 建議程序

階段	時間	地點	Wifi	程序	附件	教學策略	工具
導入	10 分鐘	天耀社區中心	政府	貧窮實況你要知	14.1	分析	Kahoot!
	15 分鐘			每月收支推算	14.1	模擬	
	10 分鐘			講解考察	14.2		
考察	60 分鐘	天耀	自備	F14.3 住行定向	14.3	觀察	Google 表格
	60 分鐘	天盛 / 新北江 / 天秀墟	自備 / 領展	F14.4 衣食定向	14.4	模擬	Google 表格
	60 分鐘	任何	自備	F14.5 訪問基層街坊	14.5	訪問	印工作紙
反思	20 分鐘	天暉路體育館 / 社區會堂	政府	每月收支結算	14.6	討論	Google
	15 分鐘			R32. 相片背後	14.6	創作	Facebook
	30 分鐘			R21. 因果輪	14.6	討論	Coggle
行動	兩星期	N/A	N/A	政策倡議：我是城市規劃師	14.7	研習	SimCity

▶ 變奏

1. 其他類似及可比較的地點：東涌、黃大仙區的公共屋邨；深水埗、觀塘的劏房；

2. 與舉辦類似考察的組織合作，如關注草根生活聯盟、天水圍社區發展陣線，安排街坊帶領導賞。

▶ 參考資料

☐ 樂施會：本地貧窮議題	⤷goo.gl/S9xMJP
☐ 扶貧委員會：2015 香港貧窮情況報告	⤷goo.gl/8HfKxf
☐ 社會福利署：社會保障	⤷goo.gl/aDvGtB
☐ 《端傳媒》：七幅圖告訴你香港窮人怎樣捱	⤷goo.gl/4LHW63
☐ 香港電台通識網：香港貧窮問題（上）現況與成因	⤷goo.gl/v8wuDY
🎞 《星期日檔案》越住越細（13/11/2016）	⤷goo.gl/1MUR8H

F14.1 導入帶領指引

時間	程序 / 形式 / 科技	反思提問	學習要點 / 目標	準備
10 分鐘	**貧窮實況問答比賽** 見下表 ^，每題都可解說背後的意思	◐ 理解：你會如何形容香港的貧窮情況？	裝備參加者認識與貧窮相關的數字	設定 Kahoot 題目
15 分鐘	**每月收支推算** 向每組派發角色卡，參加者代入不同的身份，推算其角色每月在衣食住行等方面的支出，並估算有何其他支出（如：醫療、文具等）	◐ 回憶：最大的支出是甚麼？ ◐ 評鑑：你認為這樣的生活有尊嚴嗎？	讓參加者更代入之後考察的角色中	- 角色卡 -Google 試算表
10 分鐘	**講解考察** 派發地圖及任務指引（見 F14.2）			14.2 地圖

^ 貧窮實況問答比賽題目：

問題及答案	工作員於每題後補充解說
1. 本港現時的堅尼系數約是多少？ 0.3、0.4、0.5、0.6	堅尼系數是國際上普遍用來量度社會貧富差距的指標，高於 0.4 便超過警戒線
2. 截至 2015 年，本港的貧窮人口約有多少？ 54 萬、134 萬、104 萬、164 萬	政策（恆常現金）介入後，則為 97 萬
3. 截至 2015 年，本港的貧窮人口比例是多少？ 9.7%、14.7%、19.7%、24.7%	
4. 本港自 2013 年始設有貧窮線，那是如何界定的？ 住戶每月收入中位數的三分一、住戶每月收入中位數的一半、政府任意界定	「住戶入息中位數」是指不同住戶人數稅前及提供福利前的基本收入的中位數
5. 60 歲以下健全的單身人士，其每月綜援金額是多少？(2017 年數據) 2,420、2,820、3,420、3,820	綜合社會保障援助計劃是為經濟上無法自給的人提供入息補助，應付生活所需
6. 現時，平均輪候公屋的時間是多少（不包括長者一人申請者）？ 4.5 年、3.5 年、2.5 年、1.5 年	截至 2016 年 9 月，約有 15 萬宗一般公屋申請

F14.2 考察地圖

掃描以下 QR 碼，再用 Google 地圖打開，用導航功能找出以下地點：

地圖資料 ©2017 Google

安排：

● 每個地點有 2 個 QR Code：

- Google 地圖位置，可作導航
- Google 表格工作紙

每組代入以下其中一個角色，在區內計算每天的收入和支出：

1. 48 歲單身男士，於荃灣區的酒樓當兼職侍應，住在深水埗區劏房，最近已獲編配天水圍區的公屋單位，想考慮一下社區的情況，才決定是否入住或重新抽另一區的公屋單位；

2. 36 歲單親媽媽，新來港 8 年，育有 5 歲兒子和 3 歲女兒，住在天晴邨，正考慮是否領取社會保障援助還是在區內找兼職工作維持生計；

3. 66 歲女士，子女已經移民外地，正在領取長者生活津貼，住在天晴邨。

F14.3 衣食有價

📍 從別的地區經西鐵途經天水圍站到以下地點格價

○ 天盛街市 　　○ 新北江商場 　　○ 天秀墟 　　〔Multiple Choice〕

14.4.1 衣

任務	社區觀察手法	Google 題型
1. 請找出最便宜的理髮店，並記下單剪髮的價錢	👁 睇（眼）	Short Answer
2. 向一位店主詢問這兒的舖租是多少？	💬 問	Short Answer
3. 向一位店主詢問這兒的營利是否足夠糊口？	💬 問	Short Answer

14.4.2 食

任務	社區觀察手法	Google 題型
1. 請找出一斤生菜最便宜的價錢	👁 睇（眼）	Short Answer
2. 請找出一份 4 個蘋果最便宜的價錢	👁 睇（眼）	Short Answer
3. 請找出一盒燒味飯最便宜的價錢	👁 睇（眼）	Short Answer
4. 請推算每月在食物方面的支出	📊 數	Short Answer

14.4.3 住

任務	社區觀察手法	Google 題型
1. 這附近最多的是甚麼類型的住房？ ○ 私人屋苑 　○ 公屋 　○ 居屋 　○ 其他：_____	📊 數	Multiple Choice

📁 考察發現

天盛街市水果的價錢

新北江商場理髮店剪髮的價錢

F14.4 支出與收入

計算一天的收入及支出。

14.3.1 福利知多點

📍 社會保障辦事處（天水圍北）—— 天晴邨服務設施大樓地下 G02 室

任務	社區觀察手法	Google 題型
1. 請上網找出你的身份符合哪些援助的申請資格。 　　☐ 綜合社會保障援助計劃　　　☐ 傷殘津貼 　　☐ 高齡津貼（生果金）　　　　☐ 長者生活津貼 　　☐ 鼓勵就業交通津貼計劃　　　☐ 其他：＿＿＿＿＿	🖾 數	Checkboxes
2. 承上題，你每月可申領的福利有多少？ 　　（如不肯定，請向保障部職員查詢及了解）	🖾 數	Short Answer

14.3.2 如何找工作

📍 勞工署就業一站——天晴邨天晴社區綜合服務大樓 4 樓 401 室，或上勞工署網頁搜尋。

請為自己的角色尋找 5 份在天水圍區內的工作，以減低交通的開支，並把招聘廣告的網上連結上傳

任務	社區觀察手法	Google 題型
連結：	👁 睇（眼）	Short Answer

14.3.3 住

任務	社區觀察手法	Google 題型
1. 請為自己的角色找出每月住屋的支出是多少？	👁 睇（眼）	Short Answer
2. 請在新北江的地產代理公司中，找出區內一個合適的自置單位的售價	👁 睇（眼）	Short Answer

14.3.4 行

任務	社區觀察手法	Google 題型
1. 請計算你的角色外出工作所需的支出（見 14.2 的角色）	🖾 數	Short Answer
2. 請找組員記下考察期間所有車費的支出	🖾 數	Short Answer

F14.5「訪問基層街坊」工作紙

注意事項（提醒學生訪問前要先閱讀此部份）：

● 上門訪問公屋住戶或到公園訪問街坊；

● 尊重有禮，如受訪者不欲透露某些資料，勿強迫回答，完成訪問後感謝對方抽空受訪

● 建議在受訪者的同意下，拍攝幾張照片，記下家居環境的狀況

範圍	問題舉隅
整體	1. 你的日常生活有甚麼開支？ 2. 月租多少？按你每月的收入，租金大約佔多少成？ 3. 你滿意現時的生活嗎？為甚麼？
就業	4. 你現時有沒有工作？ 假如有工作： 假如沒有工作： 5. 是甚麼工作？ 5. 家裏還有誰有工作？是否唯一收入來源？ 6. 你需用多少時間和車費往返工作場所？ 6. 有否考慮／嘗試找工作？為甚麼？
福利	7. 有否領取援助，如：綜援、學費減免、書簿津貼、低收入在職家庭津貼、關愛基金等？ 8. 申請援助金的程序複雜嗎？請簡述申請程序。 9. 你認為援助金足夠嗎？ 10.你認為現時本港的福利制度如何？有何需要改善的地方？
居住／ 生活素質	11.你住在這單位多久？為何選擇住在這裏？又你在這一區的生活方便嗎？ 12.誰與你同住？ 13.這裏的面積大約有多少？ 14.這裏的環境舒適嗎？有何舒服／不舒服的地方？ 15.你一天會留在家裏多長時間？如何打發時間？ 16.在這裏居住感覺安全嗎？如有孩子，會否讓他們獨自外出？ 17.你認識你的鄰居嗎？和他們的關係如何？
房屋政策	18.你是用甚麼資格輪候公屋？輪候了多久？ 19.你認為政府在處理住屋問題的表現如何？ 20.你認為政府應做甚麼來處理現時的住房問題？

以上問題只是建議性質，工作員可因應情況及學生能力來決定是否自行增刪或修改題目，並設定 Google 表格作記錄，又或只提供「範圍」，以 Padlet 帶領學生自行思考具體的提問內容。

F14.6 反思帶領指引

時間	程序 / 形式 / 科技	反思提問	學習要點 / 目標	準備
20 分鐘	**每月收支結算** 每組可另開 Google Sheet 來簡單推算一個月的支出及收入有多少，並以提問引導討論	◊ 理解：在這區減少開支容易嗎？為甚麼？ ◊ 應用：你認為天水圍的衣 / 食 / 住 / 行消費高嗎？你住在這區生活便利嗎？ ◊ 分析：為何消費這麼高？歸根究底最大的元兇是誰？ ◊ 評鑑：現時的社會福利制度足夠保障你嗎？你認為自己的生活素質如何？	**# 貧富差距** **# 在職貧窮** **# 樓價 / 地價** **# 綜援 / 社會保障制度** 社會公義： 貧與富	展示 Google 表格回覆摘要
15 分鐘	**R32. 相片背後** 選一張家庭中拍得的照片及截取一段錄音並上載至 Facebook 群組，向別組分享家居環境。其他組員用 Like 等回應按鈕投選「最有感受」的照片並留言。	◊ 理解：分享一個家居環境 / 角落與你家最大分別的地方。當中有何不同？其他人有甚麼想了解更多的地方？ ◊ 評鑑：你如何評價該住戶的生活素質？ ◊ 創造：政府在政策上有何需要改善的地方？	同上	開啟 Facebook 群組
30 分鐘	**R21. 因果輪** 參加者把基層街坊面對的處境及其背後的原因，以腦圖的方式整理	◊ 評鑑：你如何評價該街坊的生活素質？ ◊ 分析：為何會有這些情況？ ◊ 創造：政府在政策及規劃上有何需要改善的地方？	同上	開啟 Coggle 腦圖

F14.7 在地行動點子

專題研習及政策倡議：我是城市規劃師

假設參加者是一個當權者，邀請他們聆聽區內居民意見，用 SimCity Buildit 遊戲應用程式中經營一個社區，開始時建設的道路也要盡量模仿天水圍的地圖。

⇩ Play Store：🖰goo.gl/15NoVo

⇩ App Store：🖰goo.gl/nPhzhN

由於建設模擬城市需較多時間去搜集資源，因此這活動要給予參加者至少兩星期，才會見到成果。

▶設計理念及背景

無障礙（Barrier Free）或暢通易達（Accessible）是指不分傷健，每個人都能無隔閡地去到每一個公共空間，因此受眾多是殘疾人士（肢體、精神、智力或感官有長期缺損的人）及其照顧者，進一步來說，不能因為空間或設施的設計，而阻礙了他們在平等的基礎上充份地參與社會。歐洲近年更流行通用設計（Universal Design）的概念，不再以殘疾為焦點，指出無須改良或特別設計就能被身心障礙者所使用的產品和環境，即能被所有的人使用。本港有法例照顧及保障殘疾人士的權利，並建立無障礙環境：

1. 《香港人權法案條例》：自 1991 年實施，內容節錄自《公民權利和政治權利國際公約》，清楚指出包括殘疾人士在內的所有人士依法享有自由的權利；

2. 《殘疾歧視條例》：於 1996 年實施，目的是消除和防止對殘疾人士歧視，亦促進公眾認識到教育機構具有在社會推行平等機會的重要角色；

3. 《建築物條例——建築物（規劃）規例》：確保私人建築物可讓殘疾人士進出，以及在建築物內裝有適當設施以配合殘疾人士需要，港府分別在 1997 年及 2008 年修訂此例；

4. 《殘疾人權利公約》：於 2008 年落實，當中第 9 條「無障礙」指應當採取適當措施，確保殘疾人在與其他人平等的基礎上，無障礙地進出物質環境、使用交通工具、利用信息、通訊及服務；

考察時，肢體和感官的殘疾會較易體驗。通用設計也可方便行動不便的長者，因此在選址上也按世衛的「長者友善社區」八大標準中交通、室外空間與建築有關。此路線考察屯門市中心兩所商場——V City 及雅都花園商場、附近的公園及輕鐵交通設施，以評價本港的無障礙水平。

資料來源：聯合國《殘疾人權利公約》推廣委員會網頁、平等機會委員會網頁、傷健無障礙網站

▶學習目標

情境知識概念：# 暢達設計　　# 商場設計　　# 和合設計 / 社區 / 城市
　　　　　　　　# 通用設計　　# 融和城市　　# 歧視條例　　# 平等機會委員會

世界公民議題：知識（K）——社會公義：人權 / 平等、尊重差異：關懷弱勢 / 反歧視
　　　　　　　　價值（A）——尊重、關愛、同感共情
　　　　　　　　技巧（S）——分析推理、行動策劃

相關學校課程：通識教育——單元 2 今日香港
　　　　　　　　生活與社會—— M9 寰宇一家：尊重不同背景、M23 維護核心價值：多元共融
　　　　　　　　常識——（小二）親親社區：我的社區、到公園去

▶ 建議程序

階段	時間	地點	Wifi	程序	附件	教學策略	工具
導入	30 分鐘	屯門仁愛堂社區中心	場內	度度都到島	15.1	遊戲	桌遊
	15 分鐘			無障礙你知幾多	15.1	遊戲	Kahoot!
	10 分鐘			講解考察	15.2	——	
考察	60 分鐘	見 15.3	商場 / 自備	F15.3 無障礙商場定向	15.3	觀察 訪問	SeeSaw 印工作紙
反思	20 分鐘	屯門仁愛堂社區中心	場內	R20. U 形相片旅程	15.4	討論	AWW
	20 分鐘			R31. 相片分類找主題		討論	SeeSaw
	20 分鐘			R37. 定格自選台		討論	SeeSaw
	20 分鐘			VR 體驗：日本任我行	冊三	觀察	VR
行動	兩星期	N/A	N/A	15.5.1 無障礙影像發聲 15.5.2 無障礙大作戰 15.5.3 無障礙黑點地圖 15.5.4 倡議：社區層面 15.5.5 倡議：中心 / 學校層面	15.5	服務學習 / 研習	AWW/ Padlet

▶ 變奏

● 其他類似及可比較的地點：

　　■ 元朗：形點及千色匯　　■ 旺角：朗豪坊及旺角中心　　■ 葵芳：新都會廣場及葵涌廣場

● 在地行動訪談安排：

　　■ 若區內輪椅使用者不多，可事先聯繫有關機構或自助組織（✆goo.gl/F2rWq2），安排家訪或由復康巴接送到學校 / 機構進行訪問，全班一同與一位或分組與多位殘疾人士對談；

　　■ 若安排全班一同與一位殘疾人士對談，可分配不同的題目範圍。

● 舉辦類似考察的組織：黑暗中對話體驗館、香港復康會「無障行者」、Eldpathy 長者體驗

▶ 參考資料

- ▢ 勞福局：《殘疾人權利公約》資料　　8✆lwb.gov.hk/UNCRPD
- ▢ 平機會：無障礙生活　　8✆goo.gl/RFhWX4
- ▢ 屋宇署：設計手冊－暢通無阻的通道 2008　　8✆goo.gl/eKSWPm
- ▢ 堅毅忍者 • 障殘人士國際互助協會：無障礙環境調查搜尋器　　8✆pof.org.hk
- 🎬 「非常平等任務」教育資料套 2011：第 2 集——五級樓梯　　8✆goo.gl/emJsGm
- 🎬 香港無障礙設施的漏洞　　8✆goo.gl/8kU5GD
- 🎬 《東張西望》：殘疾人士無障礙設施訪問　　8✆goo.gl/paAAvq
- ⇩ **無障礙去街 Guide**：讓殘疾人士、長者等有需要人士隨時隨地獲得本地無障礙旅遊資訊（只有 Android）：

F15.1 導入帶領指引

時間	程序 / 形式 / 科技	反思提問	學習要點 / 目標	準備
30 分鐘	**度度都到島** 試玩無障礙桌上遊戲，並引導討論通用設計概念。	詳情請參考：	帶出無障礙的定義和概念	桌遊
15 分鐘	**無障礙問答比賽 ^** 先考驗參加者對無障礙和殘疾歧視的基本認識，其次裝備他們有關輪椅的使用方式。建議以考察的分組來進行此活動，方便往後解說。	* 圖片下載點：goo.gl/VL1ZCe # 選項中「粗體紅字」者為正確答案	把無障礙及殘疾歧視議題扣連至參加者的生活經驗，並講解輪椅的使用方式	Kahoot! 任務
10 分鐘	**講解考察** 派發地圖及任務指引，講解考察安排及 SeeSaw 上載步驟。			15.2 地圖

^ 無障礙問答比賽題目

問題及答案	工作員於每題後補充解說
1. 圖中的行人過路設施有何作用？ **發出行人燈號的聲音**、**轉行人綠燈**、底部有震動器代表不同的燈號、裝飾	參加者可嘗試用手感應
2. 圖中的視障引路磚（觸覺磚）有何意思？ 轉方向、**停步**、向前行、有危險	直徑 35 毫米的凸起圓點排列成方形為停步
3. 甚麼時候須鎖上輪椅車輪？ **輪椅在斜路時**、**輪椅不受控制**、**不需使用時**、輪椅停下時	同時示範使用輪椅須知
4. 落梯級或下斜坡時，推輪椅者應站在甚麼位置？ **輪椅前**、輪椅後、輪椅旁、輪椅上	同上
5. 上樓梯級時，應如何把輪椅推上梯級？ **用手柄把輪椅後傾**、**背向梯級**、面對梯級，利用傾後桿把輪椅後傾、直接提起輪椅	同上
6.《殘疾歧視條例》在哪一年實施？ 1986、1991、**1996**、2001	保障殘疾人士免受歧視

F15.2 考察地圖

掃描以下 QR 碼，再用 Google 地圖打開，用導航功能找出以下地點：

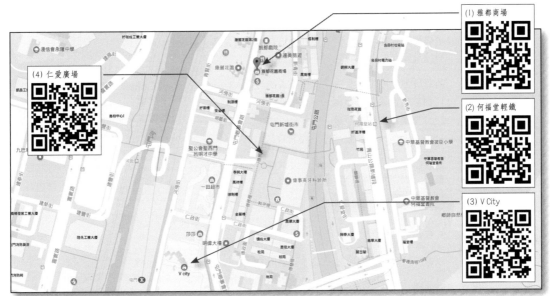

地圖資料 ©2017 Google

規則：

1. 全組共同進退及注意安全，特別是橫過馬路時；請在商場保持安靜，把對店鋪的干擾減到最低。

2. 請按指定時間：＿＿＿＿＿＿＿，返回集合地點。

角色扮演：

請組內自行分工，一人扮演以下其中一個角色，另一人充當照顧者，其餘組員則負責觀察、記錄、計時、帶路。可中途交換崗位，建議每次轉換崗位要相隔 20 至 30 分鐘：

● 一位全視障人士（借用眼罩及手杖）

● 一位有關節痛，要使用手杖協助行動的 78 歲長者

● 一位輪椅使用者（借用輪椅）

SeeSaw 使用指引：

1. 打開 SeeSaw 應用程式，按 I'm a Student，並輸入指定的 Text Code；

2. 在「Tap Your Name」中選出以上扮演的角色，作為登入身份；

3. 拍攝時，按 ＋ Add Item，選用 Photo、Video 或 Camera Roll；

4. 按 Caption 輸入「V」（有幫助）或「X」（有障礙）的設施；

5. 按 ✔ 後，在 Folders 點按所選的拍攝地點即告完成。

F15.3「社區無障礙定向」工作紙

請根據提問所需進行考察：

地點	題目	SeeSaw 題型	觀察手法
全程任務	出發前分配其中一人負責，沿途點算與你選定角色有同樣身心需要人士的數目：_____	N/A	⊞ 數
全程任務	訪問最少一位與扮演角色有相同需要的途人： 1. 對該區「暢達滿意度」評分 2. 分享最不方便的設施 3. 分享如何改善該設施會更便利自己出行	用 Camera Roll 拍下設施 點按 Recording 配上被訪者的錄音	💬 問
📍(1) 雅都商場	前往商場平面圖，找出並前往以下地點，拍下對你有**幫助（V）**及**障礙（X）**的設施： 1. G/F：S03 舖 2. 1/F：S66 舖 3. G/F：G29 舖	Photo	👁 睇（眼） 👂 睇（耳）
	錄影：扮演角色者獨自嘗試體驗使用有「♿」符號的廁所，由打開門進入到洗手的過程，並用 15 秒分享感受及困難	Video	✋ 睇（手）
	拍照：用相機拍下兩間**能夠（V）**或**不能（X）**讓導盲犬陪同進入的食肆	Photo	👁 睇（眼）
📍(2) 何福堂輕鐵站	步行前往輕鐵站及乘輕鐵至屯門站，在途中拍下對你有**幫助（V）**及**障礙（X）**的設施（如：路牌、交通燈、樓梯、行人路／通道等）	Photo	👁 睇（眼） 👂 睇（耳）
📍(3) V City	前往商場平面圖，找出並前往以下地點，拍下對你有**幫助（V）**及**障礙（X）**的設施： 1. MTR/F：M-48 舖 2. MTR/F：自助充電站 3. 1/F：L1-1 舖（須走畢旁邊斜道）	Photo	👁 睇（眼）
	錄影：扮演角色者獨自嘗試體驗使用有「♿」符號的廁所，由打開門進入到洗手的過程，並用 15 秒分享感受及困難	Video	✋ 睇（手）
	拍照：用相機拍下兩間**能夠（V）**或**不能（X）**讓導盲犬陪同進入的食肆	Photo	👁 睇（眼）
📍(4) 仁愛廣場	拍下公園中對你有**幫助（V）**及**障礙（X）**的設施，如：扶手、長凳、指示牌、健體設施	Photo	👁 睇（眼）

工作員在設置 SeeSaw 時：

● Student 設定為角色，即「視障」、「長者」、「輪椅使用者」

● Folders 設定為上述 4 個地點，即「雅都商場」、「輕鐵」、「V City」及「仁愛廣場」

F15.4 反思帶領指引

時間	程序 / 形式 / 科技	反思提問	學習要點 / 目標	準備
20 分鐘	R20. U 形相片旅程 各組在所屬的 A Web Whiteboard 畫板上繪畫一條 U 形旅程線，工作員以 4F 給予指示，參加者按時序沿著旅程線把考察照片上載至畫板，並繪畫反思。	◯ Facts：你去過甚麼地點？ ◯ Feelings：面對途人的眼光有何感覺？選擇一處深刻的地點，用「最⋯⋯」形容到達該處的感受。 ◯ Findings：有何方便 / 不便殘疾人士的設施？ ◯ Future：對那些不便的設施有何改善建議？	# 商場設計 # 暢達設計 # 同理心 關愛 共融 關懷弱勢社群	- AWW 畫板 × 組別數量 - 可分享至 SeeSaw
20 分鐘	R31. 相片分類找主題 在 SeeSaw 展示各組拍得的照片，每組找出一項最便利殘疾人士的設施及一項最想改善的位置 / 設施。	◯ 評鑑：評價這地點的設施規劃，是否配合殘疾人士的需要？ ◯ 評鑑：今次考察反映香港有多大程度是「無障礙城市」？ ◯ 分析：為何要建設一個多元共融的社區？ ◯ 評鑑：這對殘疾人士融入及參與社會有多重要？ ◯ 分析：本港的「多元共融」政策包括了甚麼人，但忽略了甚麼人？ ◯ 分析：哪類型的人有可能承受雙重歧視、權利剝削？	# 暢達設計 # 商場設計 # 融和城市 # 歧視條例 　# 同理心 關愛 共融 關懷弱勢社群 平等	- SeeSaw 版面 - 投影 / 音響設備
20 分鐘	R37. 定格自選台 在 SeeSaw 播放各組的途人訪問和坐輪椅組員的分享音訊，從中尋找共通點，回顧及深化考察經驗。	◯ 分析：殘疾人士進出社區和處所時面對甚麼困難？ ◯ 回憶：你們如何克服？		- SeeSaw 版面 - 投影 / 音響設備

F15.5 在地行動點子

15.5.1 直接服務：無障礙影像發聲

訪問一位身心障礙的成人或長者，了解他們在社區中生活遇到的挑戰，過程中安排組員記錄，並輔以在考察中拍得的區內設施的相片，剪接成一個片段：

範圍	方向	具體問題
衣	購買合適的衣服	如何購買衣服？需要店員如何協助？
	穿衣服	如何貯藏衣服？如何找出合適的衣服？
食	使用餐廳	看不見餐牌時如何處理？餐廳的通道是否方便出入和上落？
	街市買菜	看不見街市價錢牌時如何處理？通道是否方便出入和上落？
住	家居環境的調節	有何家居設施是特別為你而設？
	大廈出入的方便程度	大廈／社區引路徑足夠嗎？電梯有沒有聲音指引？電梯按鈕的高度配合你的需要嗎？
行	交通工具	多數坐甚麼公共交通工具？有何方便或值得欣賞之處？
		最少坐的是甚麼交通工具？有何不便？司機態度如何？
	社交情況	你多數有何娛樂？去社區中心參加甚麼活動？
		你的朋友是怎樣認識的？你們平日有何活動？

15.5.2 社區教育：無障礙大作戰

把剛才定向過程中拍攝到的照片及影片，剪成數分鐘的新聞節目，並按六何法組織節目內容：

- What? 有何問題或不妥當
- Why? 主題及帶出的訊息
- Where? 關注的社區或地點
- When? 維持了多久
- How? 改善建議或計劃
- Who? 涉及的人物／持份者

15.5.3 社區教育：無障礙黑點地圖

把剛才考察中發現的無障礙黑點照片，上載至 Google 地圖的「我的地圖」，並加入以下評分

七項原則	詳情	評分
公平性	所有人都能使用，不會造成傷害	☆ ☆ ☆ ☆ ☆
彈性	不同人均能因應喜好及能力選擇不同的使用方法	☆ ☆ ☆ ☆ ☆
直覺性	簡單易懂地使用，不需專門經驗、知識、特別語言	☆ ☆ ☆ ☆ ☆
明顯性	針對不同感官（視力／聽力）弱能人士而調整溝通方式	☆ ☆ ☆ ☆ ☆
容錯性	於錯誤發生時出現警告或保護措施，降低危險	☆ ☆ ☆ ☆ ☆
省力性	以自然姿勢有效、舒適及不費力地使用，並減少重複的動作	☆ ☆ ☆ ☆ ☆
空間性	不論體型、姿勢或移動性，提供充足空間讓人使用	☆ ☆ ☆ ☆ ☆

參考：香港傷健協會《無障礙環境及通用設計》(pi.hkphab.org.hk/PHAB%20Resources/Res_4.pdf)

15.5.4 政策倡議：社區層面

拍下一個無障礙黑點，並用 SeeSaw 的 Drawing 畫出一個更理想的設計，提出改善建議予一位區議員或立法會議員。

15.5.5 政策倡議：中心 / 學校層面

運用 R25.「派餅圖」中的靶心圖作底圖製作 Padlet，並在靶心注明某一類殘疾。請參加者在第二層中列出該殘疾者的個人需要，然後就著其需要，在第三層中列出所屬學校 / 中心的相關軟件或硬件配套設施。思考方向：

● 你如何評價本校 / 中心的無障礙設計？

● 本校 / 中心有甚麼良好配套設施？

● 本校 / 中心有甚麼不足之處？

● 你建議本校 / 中心要如何改善？

● 面對未曾接觸或認識的殘疾者，你會如何幫助他們改善生活？

變奏：可考慮改用 A Web Whiteboard（參考 R19. 人形畫），好處是靶心圖大小可自由控制，惟容易擦掉別人的內容或出現牌面混亂

📁 **考察發現**

自動感應開門的廁所

需要致電保安才可打開的廁所

失明人士引路磚

出入的樓梯及待修的路面

輕鐵斜坡與行人天橋的樓梯

仁愛廣場的椅子與樓梯

F16 荃灣區：寵物友善

▶ 設計理念及背景

尊重多元與差異，除體現於性別、族群外，亦體現於對待不同物種。配合全球保護動物趨勢，本章特別設計此考察路線，以帶領參加者關心及思考寵物友善主題。據政府統計處在 2010 年進行的調查顯示，本港住戶飼養約 248,000 頭狗隻和 168,000 頭貓隻，佔全港住戶超過 10%。但同時，根據食物及衛生局及愛護動物協會統計，每年有合共超過 2,000 多隻貓狗、1,500 多隻其他小寵物被主人棄養，當中還未包括遭主人棄置街上，或被其他愛護動物團體接收的數目。

導入活動由參加者自身開始，思考在領養與購買寵物之間如何作出負責任的選擇，並提高參加者對正確對待動物及關注動物權益和自由的認識。至於考察路線，會觀察荃灣區以寵物為主的商業活動（包括寵物買賣及相關配套服務），帶領參加者進一步思考領養與購買的選擇。保障動物自由的五大權益已是歐洲動物福利政策的立法原則，當中帶出對寵物與人多元共融和保障動物的措施：

(1) 免於飢渴的自由：隨時可享有清水及補充體力的食物；

(2) 免於因環境而承受痛苦的自由：提供舒適的居所及棲息處；

(3) 免於痛苦或傷病的自由：盡快診斷及治療；

(4) 表達天性的自由：足夠空間和合適設施，並與同類作伴；

(5) 免於恐懼不安的自由：避免精神痛苦的環境及對待方式。

考察接著延伸至商場、商舖及食肆等，了解這些地方接納寵物的情況，亦會到康文署管理的荃灣寵物公園，透過觀察這公共設施的設計、使用狀況以及寵物主人對公園的評價，分析現時寵物公園的設施和管理如何保障寵物表達天性的自由和免於恐懼不安的自由，以滿足寵物和主人的需要。最終希望引起參加者關注寵物福利，以在地的行動，思考如何改善目前的環境、配套設施及法例等，令香港成為更寵物友善的全球城市。

資料來源：政府統計處、香港愛護動物協會專頁、動物英雄聯盟（Paws Hero）有關推廣動物友善措施意見書（立法會文件）、地區設施管理委員會會議記錄

▶ 學習目標

情境知識概念： #動物權益　　#同理心　　#公共空間
　　　　　　　　#地球友好　　#融和城市　　#寵物友善　　#盡責寵物主人

世界公民議題： 知識（K）——社會公義：自由／平等、尊重差異、可持續發展
　　　　　　　　價值（A）——尊重、負責任
　　　　　　　　技巧（S）——共同合作：社交技巧

相關學校課程： 通識教育——單元 2 今日香港：生活素質
　　　　　　　　生活與社會——單元 11 明智消費、單元 23 維護核心價值：多元共融、單元 27 全球城市
　　　　　　　　常識——（小二）快高長大：動植物的生長、親親社區：到公園去

▶ 建議程序

階段	時間	地點	Wifi	程序	附件	教學策略	工具
導入	15 分鐘	荃灣大會堂（建議）	政府	R04. 民意調查	16.1	討論	Poll Ev
	15 分鐘			新聞大搜查	16.1	分析	Padlet
	10 分鐘			講解考察	16.2		
考察	45 分鐘	享和街 / 沙咀道	自備	F16.3 走訪寵物商店	16.3	觀察	Google 表格
	30 分鐘	如心 / 灣景 / 荃灣廣場	商場	F16.4 寵物與社區共融	16.4	觀察	Google 表格
	30 分鐘	荃灣公園寵物公園	自備	F16.5 寵物主人專訪	16.5	訪問	Google 表格
反思	60 分鐘	荃灣大會堂（建議）	政府	回顧 Google 表格回應	16.6	討論 / 創作	Google 表格
	20 分鐘			VR 體驗（見第三冊）	冊三	觀察	VR
行動	兩星期	N/A	N/A	16.7.1 生命的保障 16.7.2 創新寵園	16.7	服務學習	指引

▶ 變奏

其他類似及可比較的地點：

地區	寵物公園	附近寵物商店	設施					
			寵物活動區	草坪	清潔設備	寵物廁所	糞便收集箱	其他獨特設施
東區	康祥街休憩處	筲箕灣道 / 新城街						
觀塘區	觀塘碼頭廣場	鴻圖道 / 巧明街	遊樂區	✓		✓		飲水器、長椅
西貢區	環保大道寵物公園	坑口南豐商場 / 連理街	✓	✓	寵物沖洗間	✓	✓	長椅

可參考康樂文化事務處寵物公園網頁：⚲goo.gl/n871rr

▶ 參考資料

- 漁護署：動物領養計劃　　　　　⚲goo.gl/Q7ZJsS
- 香港愛護動物協會專頁　　　　　⚲spca.org.hk/
- 《香港動物報》　　　　　　　　⚲hkanimalpost.com/
- 《蘋果日報》：《寵物籽》法律面前　人寵平等　⚲goo.gl/AURBsv
- 《蘋果日報》：【失敗設計】位置隔涉沙池污糟 狗主勁彈寵物公園　⚲goo.gl/6Yghcy
- Terra Poo Wifi　　　　　　　　⚲goo.gl/757AQj
- 香港愛護動物協會：關懷動物教室教材套

F16.1 導入帶領指引

時間	程序 / 形式 / 科技	反思提問	學習要點 / 目標	準備
15 分鐘	**R04. 民意調查** 邀請參加者就議題表達選擇,再進一步分享背後的原因。	1. 〔MC〕你最想養甚麼寵物? 　選項:貓、狗、兔、龜、倉鼠 2. 〔MC〕你會選擇如何得到寵物? 　選項:商店購買、街上拾獲、領養 3. 〔Q&A〕現時沒有養寵物或家人反對飼養的原因? 4. 〔Q&A〕你們有遇過一些不盡責任的寵物主人嗎?對你有甚麼影響? 5. 〔Q&A〕你認為一個盡責的寵物主人有何條件?(對寵物、家人、鄰里)	連結寵物與參加者的關係	Poll Ev (MC、Q&A)
15 分鐘	**新聞大搜查** 幾人一組,上網找出一些關於主人虐畜或寵物繁殖場的新聞報導連結,放上 Padlet 牆上,並用 Connect Post 的功能,分析與五大權益中哪些相關,並思考怎樣能夠成為一個盡責的寵物主人。	● 評鑑:報導涉及哪一方面的動物權益?(使用 Padlet 連線) ● 理解:看到動物的遭遇,你有何感受? ● 分析:報導的「動物主角」為何被登上報紙新聞? ● 應用:你認為報導的「動物主角」應受到甚麼保障? ● 創造:事件中,你認為我們可以做甚麼以保護該動物呢?	通過新聞思考養寵物前須了解的責任及動物權益	工作員把五大權益及簡介放上 Padlet 牆上 每組一部 Pad 或 Tab
10 分鐘	**講解考察** 工作員派發地圖及任務指引,講解考察安排。假設參加者現在想飼養及購買寵物及使用社區設施。			16.2 地圖

F16.2 考察地圖

掃描以下 QR 碼,再用 Google 地圖打開,用導航功能找出以下地點:

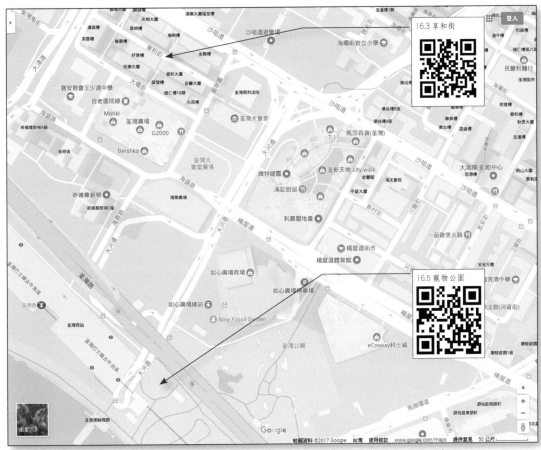

地圖資料 ©2017 Google

規則:

1. 全組共同進退及注意安全;

2. 請按指定時間:_____,返回集合地點。

F16.3 走訪寵物商店

📍享和街及沙咀道

開始前，請分配不同組員用自己的手機完成以下的任務，其他組員可帶路及照顧安全。

16.3.1 店舖點算

任務	社區觀察手法	Google 題型
1. 數算有多少間售賣寵物的商店（1-10）	🔲 數	Linear Scale
2. 數算有多少間商店公開表明已申領售賣寵物牌照	🔲 數	Linear Scale
3. 數算有多少間商店列明售賣寵物的來源	🔲 數	Linear Scale
4. 數算有多少間商店有貼出告示，提醒顧客購買前要考慮的事情	🔲 數	Linear Scale
5. 拍下商店用甚麼方法去吸引顧客購買寵物	👁 睇（眼）	File Upload
6. 數算有多少間商店提供寵物醫療或保健的服務	🔲 數	Linear Scale
7. 數算有多少間商店提供寵物美容服務或售賣寵物日用品	🔲 數	Linear Scale
8. 數算有多少間寵物相關商店張貼了領養寵物的告示	🔲 數	Linear Scale

16.3.2 動物權益與服務

〔File Upload x 2〕以手機拍下兩個商店的服務（例如：售後服務或免費資訊），並用連線的功能說明如何保障以下動物權益的五大自由原則：〔Checkboxes x 2〕

☐ **免於飢渴的自由**：隨時可享有清水及補充體力的食物

☐ **免於因環境而承受痛苦的自由**：提供舒適的居所及棲息處

☐ **免於痛苦或傷病的自由**：盡快診斷及治療

☐ **表達天性的自由**：足夠空間和合適設施並與同類作伴

☐ **免於恐懼不安的自由**：避免精神痛苦的環境及對待方式

📂 考察發現

有店舖呼籲購買前要考慮支持領養及拒絕棄養

提供寵物美容服務的商店

F16.4 寵物與社區共融

16.4.1 沿途觀察任務

想像你攜同一隻寵物（如多組別選擇狗隻，建議可分為大型犬和小型犬兩類）同行前往寵物公園，並以裝置記錄同行的經驗，其他組員可帶路及照顧安全。

任務	社區觀察手法	Google 題型
1. 數算路途有多少路牌指示寵物公園的位置	⊞ 數	Short Answer
2. 可帶寵物到達公園之交通工具 ☐ 港鐵　　☐ 巴士　　☐ 小巴 ☐ 步行　　☐ 的士　　☐ 船	◉ 睇（眼）	Checkboxes
3. 數算路途有多少寵物友善的設施	⊞ 數	Short Answer

16.4.2 商場實地考察

📍分組經過以下的商場前往寵物公園，並觀察進出的限制

　　○ 如心廣場　　　　○ 灣景廣場　　　　○ 荃灣廣場

任務	社區觀察手法	Google 題型
1. 有沒有「不准寵物進入」等相關告示	◉ 睇（眼）	Multiple Choice
2. 有多少餐廳門口貼出禁止寵物進入的標示	⊞ 數	Short Answer
3. 有多少容許導盲犬進出的標誌	⊞ 數	Short Answer
4. 你認為這個商場能滿足以下哪些的動物權益： ☐ **免於飢渴的自由**：隨時可享有清水及補充體力的食物 ☐ **免於因環境而承受痛苦的自由**：提供舒適的居所及棲息處 ☐ **免於痛苦或傷病的自由**：盡快診斷及治療 ☐ **表達天性的自由**：足夠空間和合適設施並與同類作伴 ☐ **免於恐懼不安的自由**：避免精神痛苦的環境及對待方式	◉ 睇（眼）	Checkboxes

16.4.3 寵物公園的使用情況

任務	社區觀察手法	Google 題型
1. 公園的開放時間	◉ 睇（眼）	Time
2. 公園的關閉時間	◉ 睇（眼）	Time
3. 記錄 15 分鐘內，到訪的寵物的數目： 　　　　1　　2　　3　　4　　5　　6+ 狗　　○　　○　　○　　○　　○　　○ 貓　　○　　○　　○　　○　　○　　○ 其他　○　　○　　○　　○　　○　　○	⊞ 數	Multiple Choice Grid
4. 每人選一位寵物主人，並觀察其裝備： ☐ 飲用水　　☐ 報紙　　☐ 消毒用水 ☐ 碗　　　　☐ 玩具　　☐ 其他：_____	◉ 睇（眼）	Checkboxes

F16.5 寵物主人專訪

📍 進入公園，訪問公園內訪客有關飼養寵物的心得和對公園的評價

社區觀察手法：💬 問

16.5.1 評價以下公園設施的友好程度

評分範圍 *	最不便				最方便	Google 題型
	1	2	3	4	5	
地理位置						Multiple Choice Grid
門口設計						
供水設施						
遮蔭設施						
椅子						
沙池						
寵物玩樂設施						
糞便收集箱						
清潔程度						
設計促進與同類互動						

* 如分數為 1、2 或 5，請以手機拍下有關設施，以記錄使用情況

16.5.2 帶寵物外出的經驗

問題	Google 題型
1. 一星期平均會帶寵物外出多少次？ ▼ 1　▼ 2　▼ 3　▼ 4　▼ 5　▼ 6　▼ 7	Dropdown
2. 通常會到甚麼地方？	Short Answer
3. 那些地方有甚麼寵物友善設施吸引你使用？	Short Answer
4. 一星期平均到訪這公園多少次？ ▼ 1　▼ 2　▼ 3　▼ 4　▼ 5　▼ 6　▼ 7	Dropdown
5. 甚麼原因令你選擇這公園？	Short Answer
6. 通常會在公園逗留多久？	Short Answer
7. 如何來到這公園？ ○交通工具　　○步行　　○其他：_____	Multiple Choice
8. 帶寵物來公園時，通常會遇到甚麼阻礙？	Short Answer
9. 除了到此公園，通常會帶寵物到哪裏？	Short Answer
10. 帶寵物到較遠的地方，會遇到甚麼困難？	Short Answer
11. 對此寵物公園的改善建議	Paragraph

F16.6 反思帶領指引

時間	程序 / 形式 / 科技	反思提問	學習要點 / 目標	準備
20 分鐘	**走訪寵物商店** 展示 Google 表格摘要圖表及參加者在動物商店拍得的相片，討論香港對販賣動物的管制和現行商業服務如何保障動物的五大自由和權利。	○ 分析：商店用了甚麼方法去吸引人購買寵物？購買前，消費者是否有足夠資訊了解作為寵物主人的責任？不盡寵物主人責任會對寵物造成甚麼傷害？又會對社區環境造成甚麼影響？ ○ 應用：你會選擇領養代替購買寵物嗎？為甚麼？ ○ 創造：如果要成為寵物主人，應如何維護和保障動物的生存權利？ ○ 創造：政府可有甚麼方法保障寵物的權利？	**# 盡責寵物主人** **# 明智消費** 負責任 可持續發展	- 投影 Google 表格的回覆摘要版面
20 分鐘	**寵物與社區共融** 綜合動物在社區內活動的限制，並分析寵物友善及共融的程度，另邀請參加者推介寵物友善的商業活動或食肆。	○ 分析：街道、商場及食肆對寵物及其主人有何便利或限制的措施？ ○ 評鑑：你認為香港是否一個寵物友善的城市？ ○ 創造：你對建設一個多元共融和寵物友善的社區還有其他建議嗎？	**# 寵物友善** **# 同理心** 尊重差異 共同合作	同上
20 分鐘	**寵物主人專訪** 綜合參加者對公園使用情況的觀察及受訪者的評價，分享對園內及附近設施的建議，並嘗試改造一個能促進人與動物共融的公園。	○ 回憶：探訪時，寵物公園有多少隻動物在內進行活動？以甚麼動物較多？主人和寵物通常進行甚麼活動？ ○ 理解：寵物主人對公園有何評價？ ○ 評鑑：公園能保障動物的權利和自由嗎？ ○ 創造：政府應如何設計、推廣及管理設施，以達到更寵物友善？	**# 寵物友善** **# 融和城市** **# 公共空間** 社會公義： 自由 / 平等 尊重	同上

F16.7 在地行動點子

16.7.1 社區教育：生命的保障

A. 登入以下網頁，找尋動物相關的法例，並揀選其中兩條法例以完成下表

🖰 goo.gl/ZKfPe1

條例		
受條例保障的動物物種		
保障寵物自由範疇 * （資料來源：愛護動物協會 🖰goo.gl/XP5YSG）	□ 免於飢渴的自由 □ 免於因環境而承受痛苦的自由 □ 免於痛苦或傷病的自由 □ 表達天性的自由 □ 免於恐懼不安的自由 □ 其他：＿＿＿＿	□ 免於飢渴的自由 □ 免於因環境而承受痛苦的自由 □ 免於痛苦或傷病的自由 □ 表達天性的自由 □ 免於恐懼不安的自由 □ 其他：＿＿＿＿
主要針對對象	□ 飼養寵物的人 □ 公眾人士	□ 飼養寵物的人 □ 公眾人士
做了甚麼事會觸犯法例？		
違反法例的最高刑罰		

B. 根據其中一條條例，設計一張引起公眾人士關注動物權益的小海報

16.7.2 政策倡議：創新寵園

A. 找出在剛才考察中，發現不利動物共融的設施，而我們可如何創建一個人與流浪貓、狗共存的互動設施？

B. 設計理念：＿＿＿＿＿＿＿＿＿＿＿＿＿＿＿＿＿＿＿＿＿＿＿＿＿＿＿＿＿＿＿＿

＿＿＿＿＿＿＿＿＿＿＿＿＿＿＿＿＿＿＿＿＿＿＿＿＿＿＿＿＿＿＿＿＿＿＿＿＿

C. 你認為你的設計，符合以下動物五大自由原則中的哪一個：

（資料來源：愛護動物協會　🖰goo.gl/XP5YSG）

□ **免於飢渴的自由**：隨時可享有清水及補充體力的食物

□ **免於因環境而承受痛苦的自由**：提供舒適的居所及棲息處

□ **免於痛苦或傷病的自由**：盡快診斷及治療

□ **表達天性的自由**：足夠空間和合適設施並與同類作伴

□ **免於恐懼不安的自由**：避免精神痛苦的環境及對待方式

□ **其他需要留意的動物權益保障**：＿＿＿＿＿＿＿＿＿＿＿＿＿＿＿＿＿＿＿

F17 葵青區：少數族裔與宗教

▶ 設計理念及背景

1970 年代的香港，工業發展蓬勃，葵涌區內工廠林立，附近住房租金較低廉，遂吸引大量以巴基斯坦裔為主的男性隻身到此工作及聚居，到今天他們已在此落地生根。按 2016 年中期人口普查數據，全港現有近 2 萬名巴裔居民，他們多數信奉伊斯蘭教，當中近 3 千名定居葵青區，約佔巴裔人口的 16%。此路線聚焦於葵涌區內最多巴裔人士聚集的屏麗徑及區內的清真寺，讓參加者了解本港多元宗教的特色。

香港現有約 30 萬的伊斯蘭教徒，以印尼人為主。信眾日常前往 5 座清真寺禱告：中區些利街、灣仔愛群道、九龍彌敦道和柴灣歌連臣角；另有一間設於赤柱監獄內，而部分社區亦存有一些小型清真寺，如葵涌區，方便區內教徒。這些清真寺都是由香港回教信託基金總會管理，它同時統籌本港所有伊斯蘭教的活動、兩個伊斯蘭教墳場及一所幼稚園，並為在香港供應的「清真」食品進行認證。

與穆斯林相處及參觀伊斯蘭教場所時有些注意事項，主要有以下五項，考察時必須留意。

1. 留意不應胡亂觸碰可蘭經；
2. 男女要分開接觸，部份篤信伊斯蘭教的女信眾可能不願意與其他男性溝通；
3. 對穆罕默德及阿拉予以尊重；
4. 所有拍攝（特別在清真寺內）要先取得同意；及
5. 不應穿著透視服飾、短褲、短裙、緊身衫等，女生宜帶備頭巾。

資料來源：《明報》網上新聞、2016 中期人口普查、《香港年報 2016》

▶ 學習目標

情境知識概念：　＃生活／飲食文化　　＃宗教信仰　　＃南亞裔　　＃少數族裔
　　　　　　　　　　＃宗教自由　　　　＃文化差異

世界公民議題：　知識（K）——社會公義：人權／自由、尊重差異：尊重其他種族及文化
　　　　　　　　　　價值（A）——接納、團結、尊重
　　　　　　　　　　技巧（S）——共同合作、跨文化理解、溝通技巧

相關學校課程：　通識教育——單元 1 個人成長與人際關係、單元 2 今日香港、單元 4 全球化
　　　　　　　　　　生活與社會—— M9 寰宇一家：尊重不同背景的人、M27 全球城市
　　　　　　　　　　常識——（小三）生活在香港：香港是我家（多元文化）

▶ 建議程序

階段	時間	地點	Wifi	程序	附件	教學策略	工具
導入	15 分鐘	學校 / 中心 / 葵星中心	場內 / Wifi 蛋	伊斯蘭教問答比賽	17.1	遊戲	Kahoot!
	10 分鐘			講解考察	17.2	/	/
考察	30 分鐘	三星公司	Wifi 蛋	F17.3 烏都語雜貨店	17.3	觀察 訪問	Google 表格
	30 分鐘	屏麗徑清真寺	Wifi 蛋	F17.4 踏進清真寺	17.4		
	30 分鐘	穆德廚房	Wifi 蛋	F17.5 食在清真	17.5		
	60 分鐘	大隴街至 大白田街	Wifi 蛋	F17.6 橫街窄巷現宗教	17.6		
反思	20 分鐘	石籬社區會堂	場內	屏麗徑的日常	17.7	討論	Google 表格
	30 分鐘			R29. 社區寶圖		討論	Padlet
	20 分鐘			VR 體驗（見第三冊）	冊三	觀察	VR
行動	兩星期	N/A	N/A	專題研習及社區教育	17.8	服務學習	指引

▶ 變奏

1. 其他類似地點：

   ■ 清真寺：大白田街（葵涌大白田街 33A 號一樓）

   ■ 灣仔至跑馬地：錫克廟、伊斯蘭中心、印度教廟

   ■ 尖沙咀：九龍清真寺及重慶大廈

   ■ 元朗：牡丹街及合益廣場

2. 舉辦類似考察的組織：WeDo Global、聖公會麥理浩夫人中心「共融館」

▶ 參考資料

☐《香港便覽：宗教與風俗》　　　　　　　　　🖱goo.gl/nBfQov

☐ 人口統計：少數族裔　　　　　　　　　　　🖱goo.gl/SjBbX7

☐ 民政事務總署：種族關係組　　　　　　　　8had.gov.hk/rru/

☐ 香港聖公會麥理浩夫人中心「共融館」　　　🖱goo.gl/54iBBG

☐《明報》：屏麗徑——巴基斯坦裔之窩 工業遷 情常在（24/4/2016）　🖱goo.gl/PiUcuk

🎞 不同宗教多元共融（2017）　　　　　　　　🖱goo.gl/kdiUJu

🎞 香港電台：《我家在香港 II》　　　　　　　🖱goo.gl/wgXdd8

🎞 香港電台《街頭風景》屏麗徑　　　　　　　🖱goo.gl/d6Ht5b

F17.1 導入帶領指引

時間	程序／形式／科技	反思提問	學習要點／目標	準備
15分鐘	**伊斯蘭教問答比賽**^ 在外出考察前，利用問答比賽形式增加參加者對伊斯蘭教基本教義和其在港的發展狀況的認識。 以組別或個人為單位皆可，但為方便往後的解說，建議以考察的分組來進行此活動。	在進行 Kahoot 前，可先處理平日在社區中的經驗： ↻ 理解：平日常看見非華裔人士嗎？ ↻ 回憶：在甚麼地方看見他們？他們多數從事甚麼活動？	導入考察主題，引起學習動機，並藉此建立前置知識，促進參加者投入考察當中。	Kahoot!
10分鐘	**講解考察** 派發地圖及任務指引，講解考察安排	——	——	17.2 地圖

^ 伊斯蘭教問答比賽題目：

問題及答案	工作員於每題後補充解說
1. 清真（Halal），在阿拉伯語中原來代表甚麼意思？ 整潔的、美麗的、合法的、神聖的	法是指伊斯蘭教教義
2. 伊斯蘭教的經典是甚麼？ 可蘭經、聖經、經藏、道德經	聖經（基督教）、經藏（佛教）、道德經（道教）
3. 以下哪個並非伊斯蘭教的規條？ 每天祈禱五次、不可飲酒、不可吃豬肉、一生至少到聖城麥加朝覲兩次	正確是一生至少去聖城麥加朝覲一次
4.「五功」即伊斯蘭教徒須遵守的五項原則，當中「天課」是指甚麼？ 捐獻、祈禱、殺生、茹素	五功是指證信、禮拜、齋戒、天課和朝覲
5. 1849 年，香港建立的第一所清真寺為？ 愛群清真寺、些利街清真寺、九龍清真寺、赤柱清真寺	清真寺是供伊斯蘭教徒使用的宗教場所
6. 以下哪一個是本港伊斯蘭教團體？ 星尊者協會、信義會、中華回教博愛社、寶血女修會	星尊者為錫克教、信義會為基督教、寶血為天主教；回教為伊斯蘭教舊稱
7. 截至 2016 年，香港約有多少名伊斯蘭教徒？ 100,000、200,000、300,000、400,000（參考《香港年報 2016》）	

F17.2 考察地圖

掃描以下 QR 碼，再用 Google 地圖打開，用導航功能找出以下位置：

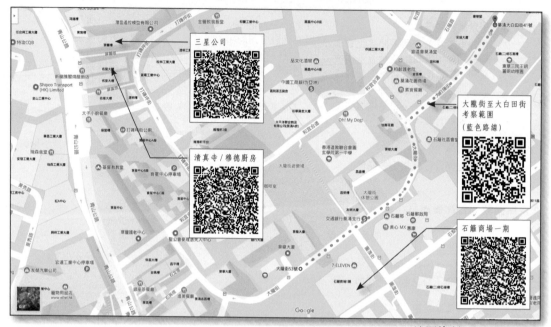

地圖資料 ©2017 Google

規則：

1. 全組共同進退及注意安全，特別是橫過馬路時；

2. 請依照指定時間：_____，返回集合地點；

3. 請注意在清真寺內的言行，保持安靜，並尊重信眾的宗教信仰，寺內任何物品都只可以「眼看手勿動」；

4. 進入店舖或餐廳考察前，須先取得職員許可；

5. 開始前，請先分配組內角色——觀察員、訪問員、記錄員（手持手機 / 平板）和帶路員各至少一名，途中可自行互換角色。

F17.3 烏都語雜貨店

📍三星公司（**葵豐樓**地下 3C 號舖）

17.3.1 訪問

請在店內找出以下烏都（Urdu）語的貨品，並簡單介紹。不能上網查閱，只可直接詢問店員

貨品烏都語名稱	貨品介紹（參考答案）	社區觀察手法	Google 題型
سوج افص	齋戒月的限定調味料	💬問	Short Answer
کسرر ىٹ رٹب	糖	👁 睇（眼）	Short Answer
بالگ قرع	Henna（身體彩繪染料）		Short Answer
ممرس / ىمشاه	麵包		Short Answer
با ن بل	石榴汁		Short Answer
ىفاص	花露水 / 香水		Short Answer

17.3.2 尋寶

任務	社區觀察手法	Google 題型
從上列貨品中找出並拍下 2 件有清真認證的貨品 （須拍到標誌： ）	👁 睇（眼）	File Upload×2

F17.4 踏進清真寺

📍屏麗徑清真寺（**名賢大樓**一樓全層）

從清真寺的特色窺探其背後的宗教習俗：

任務	社區觀察手法	Google 題型
1. 清真寺內有何特別規則？ □不可穿短褲或短裙　　□女性要包頭 □不可胡亂觸摸可蘭經　□脫鞋　　□背向禮堂	💬問 👁 睇（眼）	Checkboxes
2. 拍攝一款最吸引你的佈置或圖片	👁 睇（眼）	File Upload
3. 留意來訪者在做甚麼，並將其拍下來（須徵得對方同意）	👁 睇（眼）	File Upload
4. 點算寺內的人數（包括老幼） （注意：男、女和小孩分開聚會，須走畢各處聚會地點數算） 　　　　　　1 2 3 4 5 6 7 8 9 10+ 華裔男性　○○○○○○○○○○ 華裔女性　○○○○○○○○○○ 非華裔男性○○○○○○○○○○ 非華裔女性○○○○○○○○○○	🔢 數	Multiple Choice Grid
5. 錄下最代表這宗教的聲音（最長 30 秒）	👂 睇（耳）	File Upload
6. 拍攝一項你認為特別 / 有趣之處	👁 睇（眼）	File Upload

F17.5 食在清真

📍穆德廚房 Haq Restaurant（**名賢大樓**地下 A 號舖）

以訪問、拍照或錄音去了解伊斯蘭教在飲食文化所呈現的宗教特色

任務	社區觀察手法	Google 題型
1. 點選一款你未見過的菜式，並在試食前先拍照	👄 睇（口）	File Upload
2. 數數食客族裔及其人數 　　　　　 1　2　3　4　5　6　7　8　9　10+ 華裔男性　○　○　○　○　○　○　○　○　○　○ 華裔女性　○　○　○　○　○　○　○　○　○　○ 非華裔男性　○　○　○　○　○　○　○　○　○　○ 非華裔女性　○　○　○　○　○　○　○　○　○　○	⊞ 數	Multiple Choice Grid
3. 選擇某一食客，有禮貌地徵得對方同意後，訪問並認真聆聽他為何會來進餐（錄下最長 30 秒的回應）	💬 問	File Upload
4. 店內不提供哪種肉類？ 　○牛　　　○豬　　　○雞　　　○羊　　　○魚	💬 問 👁 睇（眼）	Multiple Choice
5. 了解一下肉類的供應和宗教有何關係？	💬 問	Short Answer

F17.6 橫街窄巷現宗教

📍大隴街至大白田街指定考察範圍及附近一帶商場（如：石籬商場一期）

選一間與任何宗教有關的店舖、場所或機構，完成以下題目

任務	社區觀察手法	Google 題型
1. 拍攝所選場所的外觀	👁 睇（眼）	File Upload
2. 與哪種宗教或風俗有關？ 　（拜神、燒紙錢和風水命理等皆屬華人傳統風俗）	💬 問 👁 睇（眼）	Short Answer
3. 該場所提供的服務／售賣的商品？	👁 睇（眼）	Short Answer
4. 該場所展示的語言文字（聲／畫／圖）	👂 睇（耳）	File Upload
5. 該場所與宗教有關擺設（照片）	✋ 睇（手）	File Upload
6. 其他你感興趣的人事物（聲／畫／圖）		File Upload
7. 粗略數算考察範圍內有多少不同宗教共存？	⊞ 數	Short Answer

📁 **考察發現**

清真認證麵包

巴基斯坦清真菜式

大白田街紙紮店

F17.7 反思帶領指引

時間	程序 / 形式 / 科技	反思提問	學習要點 / 目標	準備
20 分鐘	**屏麗徑的日常** 回顧各組在 Google 表格內的回應，包括照片及播放錄音，整合「為何他們會來進餐」，延伸討論及深化經驗。	**F17.4 踏進清真寺** ◑ 理解：進入清真寺時有何感受？有何特別觀察？ ◑ 分析：大家的照片有何共通點？ ◑ 理解：你留意到這個宗教有何特色或禁忌？ **F17.5 食在清真** ◑ 回憶：他們的宗教為他們帶來甚麼獨特的飲食習慣或禁忌？ ◑ 分析：這個宗教對該社群有何重要的意義？ ◑ 創造：我們應該用甚麼態度去認識和對待這宗教？	#生活 / 飲食文化 #宗教信仰 #南亞裔 #少數族裔 #宗教自由 自由 尊重差異 跨文化認識 合作	- 投影 Google 表格回覆摘要頁面 - 音響播放錄音
30 分鐘	**R29. 社區寶圖** 把 17.6 橫街窄巷現宗教中所拍得的店舖外觀照片上載至此；另外，選擇一至兩張認為有趣或印象深刻的相關照片，放到該店舖照片旁邊。	◑ 回憶：你共留意到有多少不同宗教及風俗在此？分別有哪些宗教及風俗？ ◑ 理解：你留意到店舖甚麼方面和宗教有關？ ◑ 應用：是甚麼令這樣多宗教可在同一街道內和平共存？ ◑ 分析：為何要建設一個多元共融的社區？ ◑ 評鑑：你如何評價香港宗教和平共處的程度？ ◑ 創造：作為世界公民，我們應用甚麼態度對待不同背景的人？	#生活 / 飲食文化 #宗教信仰 #少數族裔 #宗教自由 自由 尊重差異 跨文化認識	- 擷取大白田街至大隴街 Google 地圖作 Padlet 背景 - 參加者 BYOD

F17.8 在地行動點子：專題研習及社區教育

17.8.1 選出題目範圍

選出 ☑	題目	內容
☐	多國美食節	邀請參加者 / 少數族裔的家長烹調家鄉美食 / 小食
☐	手工藝 / 視藝大展	繪畫不同圖像、製作具不同民族特色的小手工
☐	宗教信仰大不同	以展板或互動遊戲，認識不同宗教的習俗、背景、禁忌
☐	民族歌舞表演秀	教同學一同唱童謠或跳簡單的民族舞蹈
☐	服飾花生騷	設計不同國家景點作橫額，參觀者穿上民族服飾拍照留念
☐	過節	設計一個展板來介紹其中一個民族的獨特節日
☐	運動知多點	認識並介紹其中一個獨特的運動，安排社區人士試玩
☐	其他：	_____

17.8.2 搜尋資料

	資料名稱 / 來源
書籍	
網上資訊	
訪問	
其他	

17.8.3 背景資料

背景 / 起源 / 歷史	涉及的國家 / 人物
當中的社會 / 文化 / 宗教意義	其他 / 小故事

17.8.4 「萬國嘉年華」攤位運作 / 準備

攤位形式：	☐展板　　　☐互動遊戲 / 體驗　　　☐表演　　　☐其他：		
攤位名稱：			
內容 / 詳情：			
所需物資：	物資	數量	負責人
人手分工	崗位	人數	負責人
	統籌		
	主持 / 講解		
	派發物資		

「萬國嘉年華」訪問及資料搜集指引舉隅

主題：手工藝 / 視藝大展

先訪問相關人士以認識不同的工藝文化及背景，並學習該手藝，然後在活動當日以攤位即場示範或展示。

溫馨提示：請以尊重的態度認識不同的文化

💬 訪問要點 *		🎤 訪問答案	📖 搜集以下資料
手工藝	手工藝名稱		起源 / 歷史：
	創作過程 / 材料		
	特色 （例如：色彩、圖案等）		呈現的文化 / 宗教意義：
背景	家鄉所在的國家		該國經濟狀況和主要產業：
	此手工藝有何經濟作用 / 效益		有何小故事？
	你還有興趣知道的事？		

* 請在訪問後上網或到圖書館搜集有關資料

主題：運動知多點

先以訪問深入認識其中一個民族獨特的運動，並在活動當日安排同學試玩。

溫馨提示：請尊重不同的文化

💬 訪問要點 *		🎤 訪問答案	📖 搜集以下資料
運動背景	名稱		起源 / 歷史：
	進行方法（可拍片）		
	代表人物		國際賽的獎項 / 小故事？
	甚麼人會玩？ 最少或最多的參與人數？		呈現的社會 / 文化意義：
	有何特色 / 技巧？		
	參與這運動的感受		
	你還有興趣知道的是甚麼？		

* 請在訪問後上網或到圖書館搜集有關資料

F18　離島區：全球城市的機場

▶設計理念及背景

香港國際機場是世界上最繁忙的貨運樞紐，也是全球最繁忙客運機場之一。在 2016 年，香港國際機場的總客運量達 7,050 萬人次，總航空貨運量共 452 萬公噸。機場連接全球約 190 個航點，包括 42 個內地城市。超過 100 家航空公司在機場營運，每天提供約 1,100 班航班，鞏固了香港在國際及區域主要航空物流中心的地位。

香港國際機場是通往中國內地的門戶。為迎合不斷上升的需求，機場繼續加強與內地的綜合多式聯運網絡，尤其是與珠三角的聯繫。本港設有跨境旅遊車往返機場與內地逾 110 個城市及縣鎮，來自珠三角的旅客（包括：廣州、深圳、東莞虎門、中山、珠海、澳門等）都可享用跨境渡輪服務，經香港國際機場前往海外。

在全球化及香港的自由市場下，各國的商品都可在香港自由流通，香港國際機場的營運效能一向為世界所稱譽，才得以享受巨大物流的機遇。香港物流及貿易業的生產值佔香港 GDP 的大約 25%，而香港亦有 25% 的勞動人口從事物流及貿易。

當然，作為全球運輸樞紐之一，香港除了享有很多機遇及便利外，亦會面對不少危險及挑戰。機場作為貨品與人口全球流動的關閘，透過檢視不同防範措施，亦令我們可更真實及多角度認識及思考全球化。

資料來源：機管局網頁

▶學習目標

情境知識概念：　# 全球城市　　　# 香港對外開放　　# 物品／服務大量交易　　# 文化對外開放

　　　　　　　　# 交通發達　　　# 跨國人口流動　　# 電影／創意工業　　　# 軟實力

世界公民議題：　知識（K）——全球化

　　　　　　　　價值（A）——尊重、互相合作

　　　　　　　　技巧（S）——批判思考、組織

相關學校課程：　通識教育——單元 4 全球化、單元 5 公共衛生：科學、科技與公共衛生

　　　　　　　　生活與社會——M27 全球城市、M20 國際間的相互依存：經濟全球化的影響

　　　　　　　　常識——（小三）生活在香港：生活所需、（小五）新時代的發展：香港的經濟

▶ 建議程序

階段	時間 #	地點	Wifi	程序	附件	教學策略	工具
導入	10 分鐘	中心 / 學校	N/A	旅行的經驗	18.1	分析	Poll Ev 問題
	10 分鐘			機場問答比賽	18.1	遊戲	Kahoot!
	10 分鐘			講解考察	18.2		
考察	20 分鐘	機場 T1 或 T2 客運大樓	機場	F18.3 國際金融中心	18.3	觀察 / 搜尋數據	印工作紙 18.3-18.5 Google 地圖
	20 分鐘		機場	F18.4 衝上雲霄	18.4		
	20 分鐘		機場	F18.5 環球影城	18.5		
	40 分鐘		機場	F18.6 旅客的體驗	18.6	模擬 / 訪問	Google 表格
	20 分鐘		機場	F18.7 可達及多式聯運度	18.7	觀察	Google 表格
	60 分鐘	貨運站	自備	F18.8 貨運大追蹤	18.8	觀察	印工作紙
反思	20 分鐘	中心 / 學校	N/A	R18. 統計地圖	18.9	討論	Google 地圖
	20 分鐘			R21. 因果輪	18.9	創作	Padlet
	20 分鐘			VR 體驗（見第三冊）	冊三	觀察	VR

\# 每組一部平板電腦，登入同一個 Google 戶口，使用 Google Map 的圖釘功能記錄地點。

▶ 變奏

1. 如進行考察，本活動只能在機場進行，部份活動可在中心或學校運用不同的應用程式進行：

18.4 我的航班 My Flight 官方應用程式	18.5 UA Cinemas
 Android: iOS:	 Android: iOS:

2. 除了自行安排外，也可參與機場安排的參觀團：⌘goo.gl/urf7Bv

3. 如參加者更成熟，可引導討論及分析興建第三條跑道的議題

▶ 參考資料

☐ Another Action Hero—動畫以電影介紹國際貿易及經濟全球化   ⌘imdb.com/title/tt0107362/

☐ 香港國際機場   ⌘hongkongairport.com

F18.1 導入帶領指引

時間	程序／形式／科技	反思提問	學習要點／目標	準備
10 分鐘	**R04. 民意調查** 問題： 1.〔MC〕你曾去過多少次境外旅行？** 2.〔Pin On Picture〕你曾去過最遠的國家是哪裏？(世界地圖) 3.〔MC〕你曾去過機場幾多次？ 4.〔Word Cloud〕你對機場的印象是甚麼？	可因應參加者的回應邀請他們進一步分享 ** 提問時留意參加者的社經地位，以免尷尬	把機場連結至參加者的過往經驗	設定 Poll Ev 問題
15 分鐘	**R02. 機場問答比賽** 以 Kahoot 進行問答比賽 ^	()理解：你如何形容這個機場？ ()應用：你認為機場在香港這個全球城市扮演甚麼角色？	邀請在考察中留意機場的設施與全球化的關連	Kahoot! 設定問題
10 分鐘	**講解考察** 工作員派發地圖及任務指引，講解考察分流安排。			18.2 地圖

^ 機場問答比賽題目：

問題及答案	工作員於每題後補充解說
1. 香港國際機場總共有多少個客運大樓？ 1 個、2 個、3 個、4 個	待會的考察會在兩個客運大樓進行
2. 2016 年，香港國際機場的總客運量為？ 105 萬人次、705 萬人次、1,050 萬人次、7,050 萬人次	
3. 2016 年，香港國際機場總航空貨運量為多少？ 4 萬公噸、45 萬公噸、452 萬公噸、4,520 萬公噸	可留意貨站出入車輛的貨物及來源地
4. 香港國際機場連接全球約多少個航點？ 19 個、90 個、190 個、1,900 個	可留意航班升降到不同的目的地
5. 共有約多少家航空公司在香港國際機場營運？ 10 間、50 間、100 間、200 間	可留意這些公司總部的所在地如何反映全球化特徵
6. 香港國際機場每天平均有多少航班升降？ 110 班、550 班、880 班、1,100 班	計算 2 條跑道每小時共有多少航班升降

F18.2 考察地圖

掃描以下 QR 碼，再用 Google 地圖打開，用導航功能找出以下地點：

地圖資料 ©2017 Google

規則：

1. 全組利用後方的工作紙，用紙筆先完成統計，再把資料在 Google 地圖中整合；

2. F18.6 及 18.7 則掃描 QR code 以打開 Google 表格來完成；

3. 組員共同進退及注意安全；

4. 請按指定時間：_____，返回集合地點。

F18.3「國際金融中心」工作紙

18.3.1 找換店

📍在一所找換店外，點算貨幣及以下資料

貨幣	買入價	賣出價	所屬國家 / 地區 *
1.			
2.			
3.			
4.			
5.			
6.			
7.			
8.			

* 完成後在 Google 地圖以黃色的「$」圖釘放在有關國家。

18.3.2 廣告

在手推車及商戶走廊找出 8 個品牌，上網找尋其總部的所在地。

品牌名稱	服務或商品種類	總部的所在國家 / 地區 *	是否在香港設有辦公室？
1.			
2.			
3.			
4.			
5.			
6.			
7.			
8.			

* 完成後在 Google 地圖以紫色的「車」圖釘放在有關國家。

F18.4「衝上雲霄」工作紙

📍 任何航班資料牌

分配每組負責統計一個時段，例如：第一、二組分別搜索 1400-1429 及 1430-1459 離港的航班，第三、四組分別搜索 1400-1429 及 1430-1459 抵港的航班：

○ 離港　　　○ 抵港

目的地 / 啟程地	航空公司名稱	航空公司總部的所在地 *
1.		
2.		
3.		
4.		
5.		
6.		
7.		
8.		
9.		
10.		
11.		
12.		

* 完成後，在 Google 地圖為不同國家或城市貼上圖釘：

● 目的地 / 啟程地：紅色飛機

● 總部：綠色釘

F18.5「環球影城」工作紙

📍二號客運大樓（T2）5/F 大堂及 6/F 戲院

18.5.1 電影哪裏尋

到 T2 的 6 樓的 UA IMAX 戲院，分工記錄有何電影，並上網搜尋影片產地。

上映電影名稱	影片產地 *	是否香港本土製作
1.		✓/✗
2.		✓/✗
3.		✓/✗
4.		✓/✗
5.		✓/✗
6.		✓/✗

* 完成後，在 Google 地圖為不同國家貼上黑色的「電影」圖釘。

18.5.2 環球卡通人物

在 T2 的 5 樓大堂，分工記錄有何卡通人物，並上網搜尋其產地。

卡通人物名稱	產地 *	是否香港本土製作
1.		✓/✗
2.		✓/✗
3.		✓/✗
4.		✓/✗
5.		✓/✗
6.		✓/✗

* 完成後，在 Google 地圖為不同國家貼上藍色的「電視」圖釘。

網路電影資料庫（Internet Movie Database）是一個關於電影演員、電影、電視節目、電視藝人、電子遊戲和電影製作小組的線上資料庫：🖱 imdb.com/stats

F18.6 旅客的體驗

18.6.1 機場的生活

📍 在離境大堂遊走，每組代入以下其中一個角色：〔Multiple Choice〕

○ 日本佛教徒，茹素

○ 巴基斯坦伊斯蘭教徒，須在指定時間祈禱

○ 英國基督徒，不喜歡吃油膩的食物

任務	社區觀察手法	Google 題型
1. 數算同一種族的人數（在哪裏數算？）	▦ 數	Short Answer
2. 拍下一個你看得明白的標示	👁 睇（眼）	File Upload
3. 拍下一個你看不明白的標示	👁 睇（眼）	File Upload
4. 拍下一間適合自己口味的餐廳	👄 睇（口）	File Upload
5. 拍下一間不適合自己口味的餐廳	👄 睇（口）	File Upload
6. 拍下可以進行宗教禮儀（如：祈禱）的地方	👁 睇（眼）	File Upload

18.6.2 訪問

📍 在離境大堂，找一位非華裔旅客進行訪問：

問題	社區觀察手法	Google 題型
1. 來香港的原因？ ○ 觀光　　○ 探親　　○ 公幹　　○ 其他	💬 問	Multiple Choice
2. 對香港作為全球城市的印象？ 希望再來香港嗎？有何東西吸引你再來香港？ 如有機會，會否來香港工作一年？為甚麼？	💬 問	File Upload

18.6.3 出入境管制

用旅客的角度，在機場客運大樓內尋找或查詢以下的資料：

任務	社區觀察手法	Google 題型
1. 拍下海報，找出香港禁止甚麼東西入境？	👁 睇（眼）	File Upload
2. 找出甚麼身體狀況的人會被拒絕出境／入境？	👁 睇（眼）	Short Answer
3. 飛機降落後，旅客**不需要**經過甚麼政府機關的檢查？ ○ 衛生署量體溫　　　　　○ 入境處檢查證件 ○ 海關檢查隨身入境物品　○ 警察搜身	👁 睇（眼）	Multiple Choice
4. 拍下海報，找出香港禁止隨身攜帶甚麼東西上飛機？	👁 睇（眼）	File Upload
5. 為何會有這些安排？	👁 睇（眼）	Short Answer

F18.7 可達及多式聯運度

📍 請到 T1 及 T2 之間的走廊，在 Google 表格上記錄前往本地或周邊地區的交通：

18.7.1 目的地〔Checkboxes Grid〕

	香港島	九龍	新界	澳門	廣東省城市
巴士 / 旅遊巴	☐	☐	☐	☐	☐
的士	☐	☐	☐	☐	☐
鐵路	☐	☐	☐	☐	☐
渡輪	☐	☐	☐	☐	☐
高速飛航船	☐	☐	☐	☐	☐
直升機	☐	☐	☐	☐	☐

18.7.2 路線數目

工具	社區觀察手法	Google 題型
巴士	⊞ 數	Short Answer
的士	⊞ 數	Short Answer
鐵路	⊞ 數	Short Answer
渡輪	⊞ 數	Short Answer
高速飛航船	⊞ 數	Short Answer
直升機	⊞ 數	Short Answer

🗁 考察發現

可以進行宗教禮儀的祈禱室

香港禁止甚麼東西入境

禁止隨身攜帶上飛機的東西

F18.8「貨運大追蹤」工作紙

18.8.1 貨車大搜查

📍分組前往以下地點的停車場外，從貨車的外觀、車上的圖片及文字推測：

○超級一號貨站　　　○亞洲空運中心

貨物內容	來源地（國家／地區／城市）	所屬公司名稱／網址，並上網找找其總部的所在地 *
1.		
2.		
3.		
4.		
5.		
6.		
7.		
8.		

18.8.2 貨機

請到機場管理局的網站，找出以下的資料

○離港貨機　🖱goo.gl/Ycvym9　　　○抵港貨機　🖱goo.gl/gCzhC2

目的地／啟程地	航空公司名稱	航空公司總部的所在地 *
1.		
2.		
3.		
4.		
5.		
6.		
7.		
8.		

* 完成以上兩個任務後，在 Google 地圖為不同國家／地區／城市貼上啡色的「貨物／包裹」圖釘。

F18.9 反思帶領指引

時間	程序 / 形式 / 科技	反思提問	學習要點 / 目標	準備
20 分鐘	**R18. 統計地圖** 以 Google 地圖整合以下活動的數據： 18.3 國際金融中心 18.4 衝上雲霄 18.5 環球影城 18.7 可達及多式聯運度 18.8 貨運大追蹤	◔ 回憶：資金和公司主要來自哪些地區？ ◔ 理解：你去過最近和最遠的地方是哪裏？哪些地方是你認識或不認識的？ ◔ 應用：頻繁的航班反映香港有何現象？又作為一個全球城市有哪方面的特質？ ◔ 分析：你能夠推斷這些現象背後的原因嗎？ ◔ 評鑑：你會怎樣評價香港對外開放的程度？	# 自由貿易 # 國際金融中心 # 全球城市 # 交通發達 # 資訊流通 # 對外開放 全球化 組織	Google 地圖
15 分鐘	**18.6 旅客的體驗** 整理出入境管制的措施，反思全球化的利弊。	◔ 理解：旅行出入境有何要注意的地方？會經過甚麼關卡或檢查？ ◔ 應用：為何會有以上的措施？ ◔ 分析：為何發燒的人不能出入境？代表全球公共衛生正面對甚麼情況？ ◔ 評鑑：全球化為我們帶來甚麼便利和威脅呢？	# 交通發達 # 對外開放 全球化 批判思考	展示 Google 摘要的版面
20 分鐘	**R21. 因果輪** 每組抽選並重播 18.6 訪問的重點，每組用 Padlet 綜合分析吸引跨國人員來香港旅行或公幹的推力和拉力。	◔ 回憶：香港國際機場的設備、航班密度、語言、交通設施等有哪些令你印象深刻的地方？ ◔ 分析：對跨國人員而言，有何留港工作的推力或拉力？ ◔ 評鑑：機場如何照顧全球不同背景旅客的需要？ ◔ 評鑑：你會怎樣評價香港的對外開放程度？	# 全球城市 # 跨國人員流動 全球化 批判思考	展示 Google 摘要的版面 Padlet

附錄：同一議題 x 不同地區

議題 \ 地區	中西區	灣仔	東區	南區	油尖旺	深水埗	九龍城	黃大仙	觀塘	西貢	沙田	大埔	北區	元朗	屯門	荃灣	葵青	離島
交通暢達與可步行	★				尖沙咀/旺角				啟德輕軌	將軍澳	新城市			輕鐵	輕鐵	荃灣站		
外傭	環球大廈	★			旺角道	美孚	小曼谷						石湖墟					
遊樂場與兒權			★		圓方		啟晴邨	東匯邨	坪石邨			廣福邨				愉景新城		大澳
捕魚與休漁	德輔道中		筲箕灣避風塘	★		長沙灣魚市場			鯉魚門三家村	西貢碼頭		三門仔			青山魚市場	楊屋道		
光污染		銅鑼灣			★											大河道		
垃圾回收/膠樽包裝	蘇杭街				塘尾道/新填地街	★							劉財記回收園			綠楊新邨		
責任消費	西環一田	希慎廣場	太古城	鴨脷洲	海港城/朗豪坊		又一城		工業區	東港城	新城市	超級城				荃灣廣場	新都會	
性別友善商場		希慎廣場/時代廣場	太古城	海怡半島	圓方		又一城		★		新城市/希爾頓				V City	新之城/愉景新城	青衣城/長發商場	
單車友善									APM	★	★	汀角路	上水站	天水圍站	屯門站		青衣海濱	富東邨
街市墟市	結志街	灣仔道	春秧道/電氣道		花園街	北河街	九龍城街市	牛池灣	瑞和街	尚德/富康	大圍街市	大和商場	石湖墟	天光墟	新墟			逸東邨
公共空間	添馬公園/海濱長廊		太古城匯圓	公屋	西九文化區	埃華街	紅磡海濱	佐敦谷公園	觀塘海濱	將軍澳公園		★		宏逸廣場	仁愛堂	荃新天地二期/活方		逸東邨
貧窮				華富邨	劏房	北河街	劏房	公屋	公屋				公屋		公屋	劏房	劏房	
傷健與長者	信德中心	時代/崇光	城市花園		朗豪坊/旺角中心		何文田			西貢海濱		大明里/大和邨	彩園邨	形點/千色匯	★		新都會/葵涌廣場	
寵物友善				黃竹坑	鴉蘭街/自由道		愛護動物協會								★			
少數族裔/宗教	半山廟宇	跑馬地廟宇/墳場			清真寺/重慶大廈	大南街	★	新蒲崗清真寺	裕民坊					合益廣場			★	
全球城市/機場	山頂	遊客區	西灣河	赤柱/海洋公園	韓國街					西貢市中心			水貨客	水貨客	水貨客		貨櫃碼頭	★

＊：本書已有之路線

★：本書已有之路線

如讀者有其他好介紹，歡迎在 Facebook 專頁告訴我們。